Salmo 23

EL PASTOR CONMIGO

JENNIFER ROTHSCHILD

Lifeway Recursos® Brentwood, Tennessee

Publicado por B&H Español® • © 2023 Jennifer Rothschild
Reimpresión, 2026.

Ninguna parte de este libro puede ser reproducida o copiada, bien sea de manera electrónica o mecánica, incluyendo fotocopias y grabaciones, digitalización y/o archivos de imágenes electrónicas, excepto cuando se autorice por la Editorial. Las solicitudes de permisos para realizar reproducciones o copias deben hacerse por escrito a Lifeway Recursos, 200 Powell Place, Suite 100, Brentwood, TN 37027-7707;

ISBN: 978-1-4300-8641-3 • Ítem: 005846179

Clasificación decimal Dewey: 223.2
Subdivisión: BIBLIA. O.T. SALMOS 23-ESTUDIO Y ENSEÑANZA / MUJERES / CONFIANZA EN SÍ MISMO

A menos que se indique lo contrario, todas las citas bíblicas se han tomado de la Santa Biblia, Versión Reina-Valera 1960, propiedad de las Sociedades Bíblicas en América Latina, publicada por Broadman & Holman Publishers, Nasville,TN. Usada con permiso. Las citas bíblicas marcadas «NVI» han sido tomadas de la Santa Biblia, NUEVA VERSIÓN INTERNACIONAL® NVI® © 1999, 2015 por Biblica, Inc.® Usada con permiso de la Biblica, Inc.® Reservados todos los derechos en todo el mundo. Las citas bíblicas marcadas «NBLA» han sido tomadas de la Nueva Biblia de las Américas™ NBLA™ Copyright © 2005 por The Lockman Foundation. Usada con permiso. Las citas bíblicas marcadas «NTV» han sido tomadas de la Santa Biblia, Nueva Traducción Viviente, ©Tyndale House Foundation, 2010. Usada con permiso de Tyndale House Publishers, Inc. Todos los derechos reservados. Las citas bíblicas marcadas «LBLA» han sido tomadas de LA BIBLIA DE LAS AMÉRICAS®, Copyright © 1986, 1995, 1997 por The Lockman Foundation. Usada con permiso.

Para pedir copias adicionales de este recurso llame al 1(800)257-7744, visite nuestra página *www.lifeway.com* o envíe un correo electrónico a *recursos@lifeway.com*. También puede adquirirlo o pedirlo a su librería cristiana favorita.

Impreso en los Estados Unidos de América

EQUIPO EDITORIAL

Elizabeth Works
Director editorial, Lifeway Mujeres

Jemima Dávila
Coordinadora

Denisse Manchego
Asistente editorial

Andrea Nulchis
Diseñadora gráfica

Yasmith Ordoñez
Correctora de estilo

CONTENIDO

ACERCA DE LA AUTORA 4

INTRODUCCIÓN 5
SESIÓN DE GRUPO 1 6

SEMANA 1
Tu Pastor te cubrirá la espalda 8
SESIÓN DE GRUPO 2 40

SEMANA 2
Tu Pastor te hará descansar 42
SESIÓN DE GRUPO 3 74

SEMANA 3
Tu Pastor guiará tu senda 76
SESIÓN DE GRUPO 4 108

SEMANA 4
Tu Pastor está contigo 110
SESIÓN DE GRUPO 5 136

SEMANA 5
Tu Pastor te llama Suya 138
SESIÓN DE GRUPO 6 170

SEMANA 6
Tu Pastor te lleva a casa 172
SESIÓN DE GRUPO 7 200

RECURSOS PARA EL ESTUDIO DE LA BIBLIA 204
GUÍA PARA EL LÍDER 205
NOTAS 206

ACERCA DE LA AUTORA

Salmo 23: El pastor conmigo es el sexto estudio bíblico con videos que Jennifer ha hecho con Lifeway. Otros de sus estudios bíblicos populares en inglés incluyen: *Oseas: El amor que no falla lo cambia todo; Piezas perdidas: Esperanza real cuando la vida no tiene sentido* y *Yo, yo misma y las mentiras: Un cambio de imagen en el armario del pensamiento.*

Jennifer se quedó ciega a los quince años y ha experimentado de cerca cómo la compañía de Dios le da consuelo y confianza en cada época de su vida. Actualmente, más de treinta años después, como autora y conferencista, enseña con valentía y compasión a las mujeres cómo confiar en Dios en cada circunstancia.

Conocida por su esencia, su ingenio característico y su estilo realista, Jennifer entrelaza relatos cercanos con verdades bíblicas para ayudar a las mujeres a conocer y vivir para Cristo. Ha compartido sus mensajes prácticos e inspiradores con audiencias de todo el país y a través de medios de comunicación como *The Dr. Phil Show, Good Morning America, Life Today* y *The Billy Graham Television Special.*

Es la profesora principal y fundadora de *Fresh Grounded Faith Conferences* y editora del popular recurso en línea para mujeres del ministerio womensministry.net.

Jennifer y su marido, al que ella llama su «Dr. Phil particular», viven en Missouri y tienen dos hijos, Connor y Clayton, y una encantadora nuera, Caroline. En 2017, se convirtió en «GiGi» de su primer nieto, ¡y ese es el apodo favorito de todos!

Además de pasear (o ser paseada) por su perrita Lucy, Jennifer disfruta montar bicicleta para dos pasajeros con su marido. También es una ávida oyente de audiolibros, una admiradora de C. S. Lewis y le encanta el chocolate negro y el café fuerte, sobre todo, si lo comparte con una amiga.

Conéctate con Jennifer en JenniferRothschild.com/Psalm23.

INTRODUCCIÓN

Hola, amiga. Gracias por pasar las próximas semanas conmigo caminando a través de cada versículo del Salmo 23. Te sorprenderá la gran cantidad de verdades que contiene este pequeño salmo. Yo estaba sorprendida y todavía lo estoy.

El Salmo 23 cambió toda mi comprensión del amor y el cuidado de Dios por mí, y me está dando confianza y permiso para ser una oveja: ¡una oveja necesitada, vulnerable y devota! Yo también quiero eso para ti.

Descubrirás que el Salmo 23 es una canción de cuna espiritual que tu Pastor te canta en cada estación de tu vida. Y no es solo un salmo que te da consuelo en la muerte. Amiga, es un salmo diseñado para darte confianza en esta vida.

Así es como haremos esto: pasarás tiempo con tu Pastor durante la semana haciendo el trabajo diario. Solo hay cuatro días estructurados. El quinto día es un Día de Pasto Delicado. ¡Te encantará! Tu grupo se reunirá siete veces. En cada sesión, saludarás a tus compañeras de estudio bíblico, tu líder te dará la bienvenida y comenzarás con una oración. Luego, te acompañaré a través de un video.

Espero que el tiempo que pasemos juntas te rete, te reconforte y aclare tus pensamientos acerca de Dios o sobre ti misma, que te ayude a conocerlo mejor y a amarlo más. Después del video, tu grupo conversará sobre lo que han aprendido en la semana de estudio personal. Encontrarás preguntas sugeridas en la guía del grupo para cada semana. Si tú eres la mujer maravillosa que dirige el grupo, encontrarás sugerencias y ayudas en la contraportada de este libro.

Ahora bien, dos últimas cosas solo para ti. He reunido una lista de reproducción del *Salmo 23* que querrás escuchar mientras repasas este salmo. Lo encontrarás en JenniferRothschild.com/Psalm23. Mientras estás allí, también encontrarás mis resúmenes semanales de enseñanza en video. De esta manera, si te pierdes un video, no te perderás ninguna parte de esta experiencia del *Salmo 23*.

Hermana, tú has estado en mi corazón todo el tiempo que estuve escribiendo este estudio. Me siento honrada de compartir estas verdades que he aprendido (y sigo aprendiendo) contigo, y estoy orando para que tu Pastor y tú se acerquen aun más a medida que pases tiempo en este salmo.

¡Bueno, eso es todo por mi parte! ¡Hagámoslo, hermana! Con amor,

Jennifer

SESIÓN DE GRUPO 1

En lugar de una guía formal para el líder, hemos proporcionado un plan de grupo simple y funcional en estas páginas con una palabra adicional para los líderes en la parte posterior. Cada semana comenzará con una guía de grupo de dos páginas como esta. Sugiero que dividan el tiempo de grupo en tres partes:
1. Bienvenida y oración; 2. Ver el video; 3. Conversar en grupo sobre el estudio personal de la semana pasada y del video que acaban de ver.

    La guía de la sesión para esta primera reunión es para que nos conozcamos unas a otras. Después, cada una hará su estudio personal (será divertido, lo prometo). Cada día, planifica dedicar unos minutos al estudio de ese día. No te preocupes si algunos días no completas todo. Esto no es una carrera, puedes volver más tarde. Cuando nos reunamos en la próxima sesión de grupo, tendremos el estudio de esta semana para dialogar. Ahora vamos a conocernos, y me uniré a ustedes a través del video.

ANTES DEL VIDEO

Bienvenida y oración

NOTAS DEL VIDEO

David, el pastor que se convirtió en rey, escribió este salmo sobre el Rey que era su _____.

La mayoría de los eruditos creen que David escribió el Salmo 23 cuando era _____.

El Salmo 23 fue escrito porque somos como _____ y _____ necesitamos un _____.

David sabía que en cada circunstancia estaba _____ con su Pastor

Es con nuestro Pastor donde _____ nuestra _____.

Cuatro miedos que Jesús sabe que podemos tener

1. Puede que no temamos a la propia muerte debido a nuestra fe, pero aún podemos _____ y a las personas que nos _____.

2. Podemos temer ser _____, _____, o _____.

3. Podemos temer no tener _____. Podemos preocuparnos por las cosas _____.

4. Podemos temer no ser _____ y _____ por Dios.

5. La bondad de Dios hacia nosotras tiene _____ con nuestra grandeza.

GUÍA DE CONVERSACIÓN

Video 1 Conociéndonos unas a otras

¿Qué quieres que este grupo sepa de ti? ¿Qué te atrajo de este estudio del Salmo 23?

¿Qué emociones, recuerdos o pensamientos te vienen a la mente cuando lees el Salmo 23?

¿Hay momentos en tu vida en los que no te sientes segura, ni física ni emocionalmente? Explícalo.

¿Te sientes segura actualmente con tu Pastor? ¿Por qué sí o por qué no?

¿Qué esperas obtener de este estudio?

¿Te gustaría obtener un resumen de esta enseñanza en video? Solo tienes que ingresar el código que vino con el estudio.

SEMANA 1

TU PASTOR TE CUBRIRÁ LA ESPALDA

Jehová es mi pastor;
nada me faltará.

SALMO 23:1

#ESTUDIOSALMO23

DÍA 1

Estoy aquí sentada con mi café pensando en ti.

Me pregunto dónde estás ahora mismo mientras abres este libro. Me pregunto cómo estará tu corazón. He escrito varios estudios bíblicos, pero considero que en este tengo una conexión más personal. Siento como si estuviéramos recorriendo los mismos caminos, enfrentándonos a los mismos retos, luchando contra los mismos miedos y aferrándonos a la misma esperanza.

Te imagino conmigo sentada en la mesa de mi cocina mientras escribo esto y doy sorbos a mi café, como si estuviéramos hablando de ello, aprendiendo una de la otra. Por cierto, seguro que mi mesa tiene pegados los restos del desayuno, así que si la limpias con tu manga, no me daré cuenta, ¡lo prometo!

Oh sí, supongo que debo aclarar algo por adelantado. No te veré limpiar lo pegajoso de mi mesa porque soy ciega. Si esta es la primera vez que estudiamos juntas la Biblia, tal vez, no sepas que perdí la mayor parte de mi vista cuando era adolescente debido a una enfermedad llamada retinitis pigmentosa. Es una enfermedad degenerativa. Comenzó con ceguera parcial y luego se fue oscureciendo cada vez más. Hoy, más de treinta años después, he vivido más tiempo en la oscuridad que en la luz, físicamente hablando.

Así que estoy escribiendo esto en una computadora portátil que habla, y doy gracias a las personas videntes que limpiarán esto, lo editarán y lo harán más fácil de leer. Amiga, puede que lo que hablo suene bien, pero seguro que no queda bonito cuando acabe de hacerlo. La ceguera me ha ayudado a depender más del Señor. Y, cuanto más envejezco, más comprendo cuánto necesito depender de Él, mi Pastor.

> En la página 204 de la contraportada del libro encontrarás una lista de recursos para estudiar la Biblia, incluidos algunos de mis favoritos en internet.

Así que sírvete tu café, té o Coca-Cola Light®, abre tu Biblia y empecemos.

Lee el Salmo 23 en voz alta. Puedes utilizar la traducción de la Biblia que prefieras. También puedes ir a tu sitio web favorito de la Biblia y leerlo en varias versiones.

Precioso, ¿verdad?

Ahora bien, antes de estudiar la Escritura, examinemos nuestros corazones.

> ¿Te viene algún recuerdo especial cuando lees, oyes o piensas en el Salmo 23?

> ¿Qué tipo de sentimientos se despiertan en tu corazón cuando lees este pasaje? Escribe algunos adjetivos *(reconfortada, agradecida, necesitada o solitaria, por ejemplo)*.

Este pasaje despierta todo tipo de emociones, ¿verdad? La mayoría de nosotras tenemos algún recuerdo del Salmo 23 en nuestro pasado. Tal vez era el salmo favorito de la abuela. Tal vez lo leyeron en el funeral de un ser querido. O tal vez lo viste en una placa o lo memorizaste de niña.

El Salmo 23 es personal. No es un pasaje distante, del tiempo pasado, del tipo de pasaje «aburrido».

==El Salmo 23 es un pasaje de ahora, cercano, sobre ti y tu Pastor.==

Así que ¡vamos a personalizarlo! Completa el Salmo 23 adaptado a continuación con tu nombre, y luego léelo en voz alta. Una vez que hayas completado cada espacio en blanco, considera la posibilidad de tomarle una foto con tu teléfono para que puedas recordar durante todo el día que tu Pastor está contigo (porque la mayoría de nosotras tenemos nuestros teléfonos con nosotras todo el tiempo).

SALMO 23

El Señor es_____ Pastor;

nada me faltará.

Él hace a _____ descansar en verdes pastos;

Él conduce a _____ junto a aguas de reposo.

Él restaura _____ alma;

Él guía a _____ por sendas de justicia por amor de Su nombre.

Aunque _____ pase por el valle de la sombra de muerte,

no temerá mal alguno; Porque su Pastor está con ella;

Su vara y Su cayado, le infunden aliento_____.

El pastor prepara una mesa delante de _____

 en presencia de sus enemigos;

Unge a _____ su cabeza con aceite;

 su copa rebosa.

Ciertamente la bondad y la misericordia seguirán a _____

Todos los días de su vida;

Y _____ morará en la casa del Señor por largos días.

Salmo 23

JEHOVÁ ES MI PASTOR

Bueno, ahora escudriñemos las Escrituras.

Las cuatro primeras palabras del Salmo 23 son la plataforma de lanzamiento perfecta para entender este salmo. David, el autor de este salmo, nos dice «Jehová es mi ... » y luego termina con «pastor». Pero «pastor» es solo una forma de ilustrar el carácter de Dios.

> Hay muchos versículos en la Biblia que describen quién es Dios. En tu recurso favorito de estudio bíblico en línea o en Google®, busca las primeras palabras de este versículo: JEHOVÁ *es mi*. A continuación, enumera algunos de los versículos que hayas encontrado y completa el espacio en blanco con la descripción. He incluido algunos versículos para que te pongas en marcha.

Salmo 16:5	JEHOVÁ es mi _____.
Salmo 18:2	JEHOVÁ es mi _____.
Salmo 27:1	JEHOVÁ es mi _____.
Salmo 28:7	JEHOVÁ es mi _____.
_____	JEHOVÁ es mi _____.
_____	JEHOVÁ es mi _____.
_____	JEHOVÁ es mi _____.
_____	JEHOVÁ es mi _____.

Dios es todo para nosotras: nuestra porción, nuestra copa de bendición, nuestra roca y fortaleza, por nombrar solo algunas.

Pero la palabra *nuestro* no aparece en ninguno de esos versículos, ¿verdad? Piensa en la palabra *mi*. El versículo no dice que Jehová es *un* pastor o *nuestro* pastor. Dice que Él es *mi* Pastor así como los otros pasajes que encontraste dicen que Él es *mi* porción, *mi* roca, etcétera.

> ¿Qué significa para para ti la palabra *«mi»* en este contexto?

Para mí, *mi* significa posesión personal. Pregúntale a cualquier niño pequeño. *Mi significa* que ese juguete *me* pertenece.

Está cubierto de mis babas, prácticamente aplastado en *mi* pequeño puño, y atesorado y valorado como si fuera el único juguete de la caja de juguetes. Es mi posesión personal.

Cuando la Escritura te dice que Jehová es tu porción, tu copa de bendición, tu Pastor, tu roca, tu salvación y tu fortaleza, la Escritura está gritando la verdad con la intensidad de un niño de 3 años: *¡Jehová me pertenece!* Mi luz, mi roca, mi porción, mi Pastor.

Me pertenece.

Me encanta eso. Quién es Él, es personal para ti.

David habla de Dios como si Dios le perteneciera y él perteneciera a Dios. En otras palabras, la relación es cercana, segura y permanente.

> ¿Hablas, como David, de Dios como si Él te perteneciera y tú le pertenecieras? ¿Dios es personal para ti? ¿Cómo describes tu relación con Dios?

Si no describirías tu relación como cercana, segura y permanente, como lo hizo David, hermana, mi oración para ti es que, para cuando hayamos recorrido este camino juntas, lo hagas. La verdad es que, si conoces a Cristo, eres de tu Amado y Él es tuyo (Cant. 6:3).

En la época y cultura de David, todo era comunidad. El individualismo no era lo que se veía en aquellos tiempos, como lo es aquí en nuestro contexto. Las ovejas nunca estaban solas en el pasto. Siempre estaban en un rebaño. Así que para David escribir este salmo en su cultura y época, como un individuo singular cuando se compara a sí mismo con una oveja, habla de su gran valor. Habla de tu gran valor y de mi gran valor también.

Deja el bolígrafo un momento y reflexiona sobre ello. Imagina.

Es como estar en una pista de baile llena y la única persona que conoces, la única que existe en ese momento, es la que te tiene en sus brazos, la pareja que baila contigo. Así ocurre con tu Pastor. En este mundo abarrotado en el que vas de un lado para otro, atrapada en el bullicio, oyendo voces que compiten entre sí, tu Pastor te tiene a ti. Te apoya, te sostiene y te guía. No te dejará ir.

Él está contigo.

Sé que puede sonar raro, pero, aunque soy ciega, recuerdo y comprendo mejor los conceptos en forma de imágenes. Cuando se trata de este salmo, veo en mi mente un pastor fuerte y una ovejita. Pero para personalizarlo de verdad, imagino una pareja de baile fuerte y amable que me guía a cada paso. Mientras le sigo, puedo relajarme y disfrutar de la música. Me siento libre y segura.

¿Te imaginas alguna otra imagen que pueda ayudarte a entender realmente lo personal y cercano que es este salmo? Si es así, anótala. O, si te gusta el arte, ¡dibújala!

Repasa la lista de pasajes bíblicos que completaste anteriormente y que describen quién es Dios (ver p. 13). Considera y anota cómo esas cualidades del carácter de Dios son personales para ti.

¿Cómo se manifiesta cada cualidad del carácter de Dios en tu vida? ¿Cómo te hacen sentir segura estas cualidades? ¿Cómo te afirman que no estás sola?

Oh hermana, cuando pienso en Dios como mi roca, pienso en cómo Él me mantiene firme cuando la vida se siente inestable. Cuando considero que el Señor es mi porción, veo que en todas las áreas de mi vida donde me siento insuficiente o débil, Él es suficiente, todo lo que necesito. Y cuando pienso en el Señor como mi Pastor, me siento segura con Él. Veo cómo Él me ha guiado a través de delicados pastos y valles oscuros. Para ser honesta, cuando realmente me apoyo en Él como mi Pastor, siento la libertad de sentirme necesitada y dependiente como una oveja. Yo también quiero eso para ti, amiga mía.

Bueno, se me acabó el café, ¡y supongo que debo limpiar la mesa! Nos detendremos aquí. Pasa el resto del día meditando en el Señor como tu Pastor. Sé una oveja necesitada y vulnerable. Déjate llevar, guiar y ser amada.

Sé tú. Y Él será tu Pastor.

DÍA 2

Hola, hermana. Después de tu estudio de ayer, ¿experimentaste una conciencia más profunda de la presencia de tu Pastor? ¿Fue más personal para ti? ¿Sentiste que Él estaba verdaderamente contigo? Eso espero. Esa ha sido una de las bendiciones más dulces para mí mientras he estudiado el Salmo 23.

A veces nuestras vidas pueden sentirse solitarias. No porque estemos solas, sino porque nos sentimos aisladas en nuestras propias circunstancias. Nos sentimos solas cuando se trata de llevar nuestras cargas o de navegar por las exigencias de este mundo.

La soledad es una de las partes más duras de la ceguera. ¡No es porque no tenga gente! Hermana, ¡tengo gente a mi alrededor! Estimo mucho a mis amigos y a mi familia, quienes hacen que mi vida sea abundante. Y, mira, ahora tú eres una de ellas, ¡estás aquí haciendo este estudio conmigo!

No, esta soledad proviene de vivir sola en mi oscuridad, aislada en sus muros invisibles y silenciosos. La ceguera me priva de la posibilidad de leer un millón de palabras en los ojos de mi marido, de compartir lo maravilloso que es contemplar una cordillera con otros turistas o de intuir los sentimientos de los demás con tan solo observar su rostro.

Seguro que tú también tienes algo que te hace sentir sola. Puede ser la ansiedad, el divorcio, la enfermedad o el miedo. Sea cual sea tu situación, el Pastor lo sabe y está plenamente presente contigo.

No estamos solas, porque Él está con nosotras. Antes de estudiar las Escrituras, examinemos nuestros corazones.

> ¿Hay algún aspecto de tu vida en el que te sientas sola? Siéntete libre de escribirlo. Si no quieres escribirlo, siéntate con tu Pastor y díselo. Pídele que entre en tu soledad y te asegure Su presencia.

QUIÉN, CUÁNDO Y POR QUÉ DEL SALMO 23

El pastor que se convirtió en rey escribió este salmo sobre el Rey que era su Pastor.

David creció como pastor, mató a un gigante y se convirtió en cantante y compositor. Lo llamaron «hombre conforme al corazón de Dios» (1 Sam. 13:14).

Alrededor del año 1005 a.C., David se convirtió en rey de Judá (2 Sam. 2:4; 5:3) y murió hacia el 965 a.C.[1] La mayoría de los eruditos piensan que escribió el Salmo 23 cerca del final de su vida. Al fin y al cabo,

tiene un aire de «mirar hacia atrás». Había experimentado tiempos de paz y descanso (Sal. 23:2). Había pasado por momentos oscuros y peligro de muerte (v. 4). Había vivido lo suficiente como para ganarse algunos enemigos (v. 5) y también había disfrutado de mucha prosperidad (v. 6).

De hecho, algunos estudiosos creen que David escribió el Salmo 23 cuando estaba en la carrera, retenido en Mahanaim (2 Sam. 17:24) durante la guerra civil provocada por la rebelión de su hijo Absalón (2 Sam. 15-17).

No sabemos exactamente cuándo ni dónde se escribió el salmo. Pero sí sabemos que «Porque todo lo que fue escrito en tiempos pasados, para nuestra enseñanza se escribió, a fin de que, mediante la paciencia y del consuelo de las Escrituras tengamos esperanza» (Rom. 15:4, NBLA).

MI PASTOR

Ahora bien, escudriñemos las Escrituras. Sírvete el café o el té, si aún no lo has hecho. (Yo voy por mi segunda taza). ¡Allá vamos!

Ya que David establece todo este salmo basándose en que Dios es nuestro Pastor, asegurémonos de que entendemos la naturaleza y el trabajo de un pastor.

Busca en tu concordancia bíblica o recurso en línea para descubrir si se hace referencia a Dios como pastor en algún otro lugar del Antiguo Testamento. Comprueba también en el Nuevo Testamento si Jesús es llamado Pastor. Descubrirás que los profetas, los ancianos y el Mesías venidero también son llamados pastores.

Basándote en lo que encuentres, utiliza las dos columnas de la página opuesta para anotar lo que cada versículo sugiere sobre las acciones de un pastor. He incluido algunas citas para que empieces.

PASAJES BÍBLICOS	LAS CARACTERÍSTICAS DEL PASTOR
Salmo 28:9	
Salmo 80:1	
Isaías 40:11	
Jeremías 31:10	
Miqueas 7:14	
Juan 10:11-15	
1 Pedro 2:25	
1 Pedro 5:4	

Lee las características de un pastor que has enumerado en la segunda columna.

¿Qué sugieren esas características sobre el carácter de un pastor? He aquí una forma divertida de responder. Imagina que tú y yo acabamos de tomar un café con un pastor local. (Descríbele a nuestra novia soltera imaginaria, que has estado buscando en *Pastorsoltero*.com al hombre adecuado).

Si tuviera que ayudarte a ti y a nuestro amigo pastor escribiendo un perfil para él en "SingleShepherd.com", diría:

Hombre fuerte pero amable que no teme luchar contra osos y leones. Propenso a la paciencia con una naturaleza protectora. Observador con gran capacidad de gestión y excelente proveedor. Dispuesto al sacrificio y al servicio. Obtiene una gran satisfacción ayudando, bendiciendo y guiando a los demás. Fiel hasta el final.

Ahora bien, ¿qué mujer no querría todo eso? Tienes todo eso, y más, en tu Pastor.

El Señor es tu Pastor. Eso significa que tu Pastor suple tus necesidades.

Él te lleva cuando tú no puedes seguir. Él está contigo y te defiende cuando los enemigos se levantan contra ti. Él te protege cuando no estás segura o sientes temor.

Él te guía cuando no sabes qué camino tomar. Él perdona tus pecados y te salva de ti.

Dios te mantiene cerca de Él y promete ser fiel para siempre.

Creo que tenemos que pararnos y darle las gracias por ser nuestro Pastor, ¿no crees? Dejemos nuestras tazas y bolígrafos, miedos y preocupaciones y cualquier otra cosa que esté en nuestras manos o en nuestros corazones y sentémonos con nuestro Pastor.

Agradece a Dios porque Él está con nosotras y por nosotras. Elige un salmo de agradecimiento para orar.

> ¿Quieres que te preste uno de mis salmos favoritos de acción de gracias? Aquí tienes tres a los que hago referencia y oro a menudo:
>
> Salmo 100 • Salmo 107 • Salmo 138

Tómate tu tiempo, hermana. Quédate quieta y respira. Descansa en Su presencia.

Ahora, ¡volvamos a nuestro estudio! Cuando David escribió el Salmo 23, conocía exactamente el carácter y la naturaleza de un pastor porque él había sido uno. Sabía qué clase de hombre se necesitaba para pastorear ovejas en el campo de Israel.

Es un hombre que temprano, en la mañana, saca el rebaño del redil y lo lleva a pastar. Él las vigila y cuida durante todo el día, asegurándose de que ninguna oveja se aleje y de que todas estén a salvo de los depredadores. Y, si alguna del pequeño rebaño se pierde, la busca diligentemente hasta encontrarla. Bajo el sol abrasador, lleva a las ovejas al agua, pero no a cualquier agua. Las lleva a aguas tranquilas, ya que las ovejas no beben si el agua se mueve demasiado deprisa.

Por la noche, lleva a todo el rebaño de vuelta al redil, contando a cada oveja que pasa bajo su vara. Luego tiene que estar alerta para proteger a las ovejas de los animales salvajes, ¡que tienen apetito de chuletas de cordero! Esto es solo el resumen de un día de un pastor para una persona de la ciudad.

Pero con esto en mente, mira lo que las Escrituras nos dicen sobre nuestro Pastor, nuestro Buen Pastor, Jesús. Lee Juan 10:1-15. Anota la referencia o escribe el versículo que corresponde a cada cualidad de un pastor que se enumera a continuación. Luego, termina la frase «Mi Pastor» debajo de cada cualidad, para describir cómo el Pastor ha actuado así en tu favor.

El pastor pone nombre a sus ovejas. Referencia: _____

Mi Pastor me da un nombre; Él me llama _____.

El pastor guía a sus ovejas. Referencia: _____

Mi Pastor me lleva a _____.

El pastor da la vida por sus ovejas. Referencia: _____

Mi Pastor se ha sacrificado por mí _____.

El pastor protege a sus ovejas. Referencia: _____

Mi Pastor me protege de _____.

El pastor conoce a sus ovejas. Referencia: _____

Mi Pastor me conoce; Él sabe que yo_____.

Oh amiga mía, el Señor es tu Pastor que te guía, te provee y te protege. Jesús es tu Buen Pastor que da Su vida por ti, Su oveja.

Bueno, creo que tenemos que dejarlo por ahora, ya que nuestras tazas están vacías y nuestros corazones llenos.

Encuentre una frase o pasaje bíblico que te haya ministrado y escríbela en una nota adhesiva, tarjeta o en tu teléfono. Piensa en ella a lo largo del día mientras caminas con tu Pastor.

DÍA 3

Me alegro mucho de que hayas vuelto, te he guardado un sitio en mi mesa porque quiero empezar con una pregunta divertida. ¿A qué animal te pareces más? O, si pudieras elegir un animal para identificarte, ¿cuál elegirías y por qué?

> Si estás en Twitter®, ¡me encantaría que me dieras tu respuesta! (¡Soy @JennRothschild!)

Lo sé, debería haberte avisado de que hoy empezábamos de forma diferente. Pero he estado pensando sobre esto. Si pudiera ser cualquier animal, sería un elefante. ¿Por qué un elefante? Bueno, tienen un cerebro muy grande y nunca olvidan nada. Además, son leales a sus manadas.

Les gusta jugar, son mansos, pero saben cuidar de sí mismos. Y cuando eres un elefante, ser grande, estar encurtido y arrugado no es un gran problema.

Pero, ¿a qué animal me parezco más? No habría respondido así antes de estudiar el Salmo 23, pero ahora lo sé. Me parezco más a una oveja.

Tú también. Tenemos mucho en común con esas criaturas lanudas y maravillosas.

LA NATURALEZA DE UNA OVEJA

Así que abramos la Palabra y veamos lo que dice sobre nosotras como ovejas. Sírvete un café, abre tu concordancia o consulta en línea tu recurso bíblico favorito para encontrar referencias en la Biblia que nos comparen con las ovejas. He hecho una lista de algunas citas bíblicas para que te pongas en marcha.

Al lado de cada versículo bíblico, anota lo que dice o se sugiere sobre la naturaleza de las ovejas.

PASAJES BÍBLICOS	NATURALEZA OVINA
Salmo 79:13	
Salmo 95:7	
Salmo 100:3	
Isaías 53:6	
Juan 10:1-16	
Hebreos 13:20	

Utiliza los versículos anteriores o busca más versículos tanto en el Antiguo como en el Nuevo Testamento que confirmen las siguientes descripciones de las ovejas. Escribe las referencias en las categorías apropiadas en la página siguiente.

EL CURRÍCULUM DE UNA OVEJA

1. LAS OVEJAS SE EXTRAVÍAN.

2. LAS OVEJAS NECESITAN ORIENTACIÓN.

3. LAS OVEJAS SON VULNERABLES.

4. LAS OVEJAS SON VALIOSAS.

¿Te resulta familiar alguna de esas cualidades de las ovejas? Oh hermana, ese podría ser mi propio currículum, especialmente las tres primeras. Me alejo fácilmente de la gracia del Señor y trato de hacer las cosas por mi cuenta. Estoy desesperada por ser guiada. Sin la Palabra de Dios y Su pueblo, fácilmente puedo empezar a pensar que conozco el camino, el único camino-mi camino, ¡el mejor camino!

Soy mucho más vulnerable emocionalmente de lo que quiero admitir y todavía estoy aprendiendo que realmente soy valiosa para Dios. Soy como una oveja, al igual que tú. Así que haz tuyo este currículum.

1. LAS OVEJAS SE EXTRAVÍAN.

    A veces me he extraviado:

No importa dónde te hayas extraviado, tu Pastor te dice lo que le dijo a Israel hace muchos años. Lee Deuteronomio 30:3-10, y nota cuántas veces Dios usa palabras como *traer de vuelta o restaurar*. Hermana, nunca irás tan lejos que tu Pastor no pueda restaurarte y regresarte a Su lado.

2. LAS OVEJAS NECESITAN ORIENTACIÓN.

    Situaciones en las que necesité orientación:

Puedes pedirle a tu Pastor que te guíe, como hicieron los salmistas. Ora el Salmo 25:4-5 y el Salmo 143:8-10. Tu Pastor siempre te guiará amorosamente.

3. LAS OVEJAS SON VULNERABLES.

    Épocas o circunstancias en las que me sentí vulnerable:

Cuando te sientas insegura y necesites protección, usa el Salmo 71 para expresar que tu Pastor te cubre la espalda, porque Él lo hace y siempre lo hará.

4. LAS OVEJAS SON VALIOSAS.

    Lo que me hace sentir valorada y valiosa para mi Pastor:

Cuando te sientas ignorada o infravalorada, mira tu valor a través de los ojos de tu Pastor meditando en el Salmo 139.

Ahora bien, ¿qué te parece? ¿A qué animal te pareces más? ¿Las ovejas encabezan ahora tu lista? ¿Te parece bien ser una oveja?

A veces no nos gusta pensar que somos ovejas porque no nos gusta admitir que somos vulnerables, necesitadas o capaces de desviarnos. ¿Es tu caso? O tal vez no has sido capaz de admitir que eres como una oveja porque simplemente no puedes comprender lo valiosa que eres para el Pastor-que dejaría a los noventa y nueve solo para venir a buscarte y llevarte a Su lado (Luc. 15:1-7).

Tómate un minuto para reflexionar sobre esto. No experimentarás todo lo que el Señor puede ser y quiere ser como tu Pastor si no estás dispuesta a ser una oveja.

Lee 1 Pedro 5:7 y haz estas tres cosas:

1. **¡CREE LO QUE DICE!** Confía en la verdad de que Él se preocupa por ti. Él no solo se preocupa por ti como una insignificante oveja en un gran rebaño. Él realmente se preocupa específicamente por ti. Así como un pastor cuida de sus ovejas, tu Pastor quiere cuidar de ti. ¿Puedes confiar en esa verdad hoy?

2. **¡HAZ LO QUE DICE!** En serio, echa tus preocupaciones sobre tu Pastor. Él te lo dice. Él quiere que lo hagas. ¿Cómo se vería eso en tu vida si realmente lo hicieras hoy? ¿Si realmente depositaras tus preocupaciones en Él? Piensa en una sola preocupación. Imagínatela en tus manos. Nómbrala. Luego, imagina que la pasas de tus manos a los hombros de tu Pastor. Déjala ahí. Él puede llevarla mejor que tú. Eso es lo que hacen las ovejas: confían en el pastor y esperan que esté cerca de ellas y las cuide.

3. **¡ORA LO QUE DICE!** Basándote en 1 Pedro 5:7, escribe una oración a tu Pastor pidiéndole que te muestre Su cuidado en formas que puedas reconocer. Pídele que te ayude a depositar (y seguir depositando) tus preocupaciones en Él. Agradécele que se preocupe por lo que a ti te importa. Lo que te importa a ti le importa a tu Pastor.

Estoy muy agradecida de que Dios se preocupe por nosotras, Sus ovejas, ¿y tú? Realmente tenemos mucho en común con los animales lanudos. Pero hay una cosa que no tenemos en común con las ovejas: además de que no comemos pasto y no nos pica tanto el pelo, no siempre somos honestas.

Las ovejas son criaturas honestas. Si están perdidas y asustadas, no fingen, sino que balan y tiemblan de miedo, esperando que su pastor las rescate. Si las ovejas se sienten inseguras o vulnerables, no hinchan el pecho ni se hacen las duras, sino que se acercan unas a otras y al pastor porque saben que no pueden defenderse. No intentan ser algo que no son. ¿Y tú?

Estoy aprendiendo lo mucho que me parezco a una oveja y eso es cierto. Aunque intento tenerlo todo controlado (ser siempre fuerte y valiente), a veces, en lo más profundo de mí estoy temerosa, vulnerable y débil. Anhelo en ese momento que alguien sea más fuerte e inteligente que yo. Desearía sentirme tan segura de mí misma como a veces lo parezco. En el fondo, solo quiero relajarme ante lo que se me presente sabiendo que no lo afronto sola y que no tengo que estar al mando. No quiero tener que controlarlo todo. En el fondo, solo quiero que me sostengan. ¿Y tú?

Oh, amiga mía, está bien ser una oveja. ==De todas las comparaciones que Dios podría haber hecho, eligió la imagen de una oveja necesitada y un pastor fuerte y amable. A Él le parece bien que seas una oveja. Te ama tal como eres.==

==Él te creó para que lo necesites y para que Él satisfaga tus necesidades.==

Y Él te creó para necesitar a otras ovejas. Así que si estás estudiando esto con un grupo (y espero que así sea), sé sincera con tus compañeras de estudio bíblico. No eres la única que se siente como tú. Te lo prometo.

Antes de estudiar el Salmo 23 -o en realidad, antes de que el Salmo 23 me estudiara a mí- pensaba que necesitaba tener el control, cuando en realidad necesitaba que mi Pastor me cuidara. Pensaba que necesitaba ser valiente, cuando en realidad lo que más necesitaba era que me abrazaran.

Puedes pensar que necesitas tener el control, cuando lo que realmente necesitas es estar bajo el cuidado de Dios.

> ¿Reconoces tu verdadera naturaleza y admites tus verdaderas necesidades?

Piensa en eso hoy mientras caminas con tu Pastor. Mañana veremos que cuando admitimos que no tenemos nada, vemos que no nos falta nada.

DÍA 4

Hola, ovejita. Estoy pensando en mi día mientras estoy sentada frente a la computadora escribiendo esto. Mi mente divaga por todo lo que tengo que hacer hoy, ¡y estoy intentando planear cómo encajarlo todo! Ya sabes cómo va eso, ¿verdad? Sé que lo sabes.

Pero mientras pensaba en mi lista, se me ocurrió que *las ovejas no tienen agendas diarias. Las ovejas tienen necesidades diarias.* Hmmm.

Las ovejas se despiertan por la mañana pensando probablemente en pocas cosas. Primero, ¡comida! Segundo, ¿quién me traerá comida? ¿La tercera? Ah, sí, el pastor. Él se asegurará de que tenga comida. ¿Verdad?

Así que ahora que estamos aquí sentadas juntas, estoy tirando por la borda mi lista de tareas pendientes y centrándome en mi Pastor, no en mis necesidades.

¿Puedes hacerlo tú también? Él se preocupa por nosotras, así que podemos depositar nuestras preocupaciones en Él ahora mismo. Si necesitas hacer una pausa, tómate un minuto para volver a concentrarte en la oración.

Señor, ayúdanos a centrarnos en Ti. Muéstranos la verdad hoy. En el nombre de Jesús, amén.

NO QUERRÉ

Volvamos por un momento a las necesidades diarias de las ovejas. Las ovejas aprenden a asociar al pastor con la satisfacción de sus necesidades. Cuando eso sucede, el pastor se convierte en su centro de atención, no sus necesidades. «Nada les faltará», no porque tengan ante ellas un buffet libre, sino porque tienen a su pastor con ellas.

Lo mismo sucede con nosotras. No nos faltará nada porque tenemos todo lo que necesitamos en nuestro Pastor.

> Así que, ¡estudiemos esto! En tu referencia de estudio bíblico favorita o en un recurso en línea busca versiones paralelas del Salmo 23:1. Escriba a continuación las diferentes formas en que se traduce «nada me faltará».

Algunas biblias parafrasean «No me faltará nada» en «No necesito nada». Me encanta. La Nueva Versión Internacional lo traduce así: «Nada me falta». Esa palabra *falta* aparece también en otros lugares de la Escritura.

Busca en Google, en un recurso de estudio bíblico en línea o en tu concordancia los casos en que «falta» aparece en las Escrituras. En el cuadro siguiente, anota los pasajes bíblicos que encuentres. Al lado de cada versículo, escribe cómo *«falta o falta nada»* se usa en el pasaje y cómo se aplica a ti. (Es posible que tengas que buscar en diferentes traducciones para encontrar las palabras. Algunas de ellas utilizarán sinónimos).

> ## QUÉ ES UN ¿VERSIÓN PARALELA?
> Se trata de una traducción diferente del mismo texto. Por ejemplo, la versión Reina Valera 1960 traduce el Salmo 23:1b como «Nada me faltará». Mientras que la Nueva Traducción Viviente lo traduce como «Tengo lo que necesito». Puedes encontrar versiones paralelas en una Biblia, en una aplicación bíblica como *YouVersion* o en un recurso en línea como *Biblehub.com*.

PASAJES BÍBLICOS	CÓMO TE IMPACTA «FALTA O FALTA NADA»
Deuteronomio 2:7	
Salmo 34:9-10	
Proverbios 11:14	
Proverbios 15:22	
Oseas 4:6	

Algunas Escrituras nos dicen lo que sucede cuando carecemos de conocimiento, juicio o sabiduría. Y, ¡no es bonito! Otros pasajes describen cómo no nos falta nada cuando buscamos a Dios o le seguimos. Y eso es hermoso.

Con estos pasajes bíblicos en tu corazón, escribe tus pensamientos sobre lo que te falta o crees que te falta y cómo eso afecta tu vida. Acomódate para pasar algún tiempo con tu Pastor y escucha Su voz.

Creo que me falta:

___

Vivo como si me faltara:

___

Ojalá lo hubiera hecho:

___

Si solo tuviera:

___

Actúo como si me faltara:

___

Necesito:

___

Me falta:

___

Hermana, no hay respuestas correctas a estas preguntas. Todos vamos a ver esto de manera diferente, basado en nuestras circunstancias actuales, nuestras esperanzas y sueños, y nuestro caminar con el Señor. Tal vez quieras usarlas para orar.

A veces, cuando pensamos en la carencia, nuestra mente se precipita hacia cosas físicas, como un coche que funcione bien o una pareja (¡o una pareja que se porte bien!). Y otras veces, cuando pensamos en lo que nos falta, podemos pensar en cualidades emocionales o espirituales como la sabiduría o el autocontrol.

Sentémonos en una colina de Judea con David e intentemos meternos en su cerebro de pastor para descubrir a qué puede haberse referido cuando escribió «Nada me falta» (NVI). Lee el Salmo 23 en su totalidad como si David lo estuviera escribiendo desde la perspectiva de una oveja. A medida que lees, enumera la necesidad o necesidades a las que probablemente se está refiriendo en cada versículo.

«El Señor es mi Pastor, nada me falta ...» (NVI).

Versículo 2
_____

Versículo 3
_____

Versículo 4
_____

Versículo 5
_____

Versículo 6
_____

El salmo enumera las siguientes necesidades que no faltarán a las ovejas: comida y bebida, tranquilidad, rescate, guía, paz, protección y la presencia del pastor todos los días de su vida. Es curioso que cosas materiales y estatus no estén en la lista. Hermana, podemos experimentar carencia en esta vida, pero solo careceremos de lo que no necesitamos. Nunca nos faltará lo que sí necesitamos.

Cuando nuestro hijo mayor tenía dos años, extendía sus piernecitas sobre los reposabrazos del asiento del carro y gritaba desde el asiento trasero: «¡Necesito! ¡necesito! Mami, ¡necesito!». Pero nunca terminaba la frase. Cuando le preguntaba: «¿Qué necesitas?», se limitaba a repetir: «¡Necesito!». Así somos nosotras también. Le decimos a nuestro Pastor: «¡Necesito!». Y si Él pregunta: «¿Qué necesitas que yo no te esté supliendo?». Simplemente, hacemos una pausa y gritamos: «¡Necesito!».

Como los niños, como las ovejas, no siempre estamos atentas a nuestras verdaderas necesidades. He aquí una oración que oro a menudo: *Señor, aclara cuáles son mis necesidades para que pueda ver cómo Tú las satisfaces.*

¿Necesitas hacer una pausa y orar también esa oración? O tal vez necesites apuntarla en una nota adhesiva y colocarla en algún lugar que te ayude a afinar tu radar espiritual.

Lee Filipenses 4:19. ¿Cómo satisface Dios nuestras necesidades? ¿A través de quién o de qué?

Vuelve a repasar las preguntas del diario que has enumerado arriba. Teniendo en cuenta que todo lo que realmente necesitamos se satisface en y a través de Cristo, nuestro Buen Pastor, ¿cómo Cristo satisface tus necesidades a través de Sus gloriosas riquezas o a través y en Sí mismo? (Si tus indicaciones incluían cualidades espirituales o emocionales como la sabiduría o el autocontrol, busca pasajes bíblicos que demuestren cómo esas necesidades espirituales se satisfacen en Cristo).

Amiga, realmente no nos falta nada. Cero. Nada. De nada. Eso es mucho para no carecer, ¿no?

Cuando buscaste la palabra *falta*, ¿encontraste algún versículo del Nuevo Testamento donde Jesús usara esa palabra? Si no, ve a Google o a tu recurso bíblico y busca la palabra *falta* usada con la frase *una cosa*. Escribe las referencias que encuentres.

¿A quién le dijo Jesús «una cosa te falta»? (Busca Marcos 10:17 y mira el subtítulo o el título en tu Biblia si necesitas una pista).

Varias versiones de la Biblia llaman al hombre con el que se encontró Jesús «el joven rico». Me encanta. Tiene dos grandes adjetivos que lo identifican: rico y joven. ¡Vaya! Durante más de dos mil años ha sido rico y joven.

Tú también tienes algunos adjetivos que te identifican. ¿Cuáles son? Párate un momento a pensarlo. ¿Eres una Mamá valiente e inteligente? ¿una mujer agradecida y amable? ¿una esposa trabajadora y divertida? ¿una amiga cariñosa y compasiva?

Ahora, haz algo más que pensar en ello y escribe a continuación algunos adjetivos que te describan. Y atención: no puedes escribir palabras negativas que reflejen tus debilidades. Estos adjetivos deben reflejar lo mejor de ti, tus puntos fuertes (habilidades, cualidades o capacidades).

Verás, hermana, tenemos que conocer las fortalezas que nos identifican. Porque aunque podemos sacar algunas palabras negativas que son ciertas sobre nuestras debilidades, hay muchas más palabras positivas que indican lo que tenemos: nuestros activos, nuestras fortalezas. Cuando se trata de nuestras fortalezas, debemos ser conscientes de esta paradoja: nuestras fortalezas pueden ser el caldo de cultivo de nuestras vulnerabilidades.

==A menudo, pueden ser nuestros puntos fuertes los que nos impiden conseguir lo que más necesitamos.==

Uno de los adjetivos que me identifica es la *autosuficiencia*, lo cual es una gran fortaleza. Con mi ceguera, desarrollé una implacable actitud de «puedo hacerlo sola» que se convirtió en una intensa independencia. Y supongo que, como tengo que depender tanto de los demás, ser capaz de usar de mis propios recursos y depender de mí misma se convirtió en algo realmente importante.

Así que la *autosuficiencia* es realmente uno de mis adjetivos. Una gran fortaleza. Pero las grandes fortalezas pueden ponernos en gran riesgo.

He aprendido que mi autosuficiencia puede impedirme ser honesta y vulnerable. Puede hacer que me falte humildad y que construya un muro de aislamiento si no tengo cuidado.

Así que si Jesús me dijera: «una cosa te falta», bueno, probablemente, pensaría: *¿En serio? ¿Solo una cosa?* Pero me llevaría atrás y me haría pensar.

¿Y si Jesús te dijera esas palabras?

Pregúntate de nuevo, a la luz de tus adjetivos: «¿Qué me falta?». Detente, deja el bolígrafo y hazte de verdad esa pregunta.

Lo que le faltaba al joven rico, estaba directamente relacionado con lo que tenía. Piensa en lo que vio Jesús.

> Jesús lo miró con amor y añadió «Una cosa te falta: anda, vende todo lo que tienes y dáselo a los pobres, y tendrás un tesoro en el cielo. Luego ven y sígueme».
> MARCOS 10:21(NVI)

A este *Rockefeller* junior claramente no le faltaba dinero. No le faltaba el deseo de hacer las cosas correctas y ser el tipo de persona correcto. Pero lo que Jesús le dijo que hiciera expuso lo que le faltaba. Le faltaba la voluntad de dejar ir su propia red de seguridad, su posición y sus fortalezas para depender totalmente de Jesús para su seguridad y estatus.

Ahora, déjame asegurarme de ser claro aquí. Tú no obtienes tesoros en el cielo regalando tu TV o tus tenis.

Consigues un tesoro en el cielo haciendo del cielo tu tesoro.

Haces de Jesús todo lo que necesitas y entonces, todo lo que necesitas lo encuentras en Jesús. En otras palabras, como las ovejas, prestas más atención al Pastor que suple tus necesidades que a las necesidades mismas. Quieres más a tu Pastor que lo que tú quieres. Pones tu agenda diaria bajo la autoridad de tu Pastor. Te quedas con Él, vas donde Él te guía, haces lo que Él dice, y experimentas «nada me falta» cada día de tu vida.

Oh hermana, lo deseo tanto, ¿tú no?

El último punto para hoy: «una cosa» que nos falta es importante para realmente considerar. Pero hay otras cuatro «una cosa» en las Escrituras que me ayudan a ver lo que tengo y puedo tener en mi Pastor.

> Se encuentran en Salmo 27:4, Lucas 10:41-42, Juan 9:25 y Filipenses 3:13. Busca cada uno de ellos, lee el versículo en su contexto y, a continuación, coloca cada pasaje bíblico bajo el epígrafe correcto. Luego, personaliza cada versículo expresándolo como una oración, una alabanza o una confesión a tu Pastor.

«Una cosa es necesaria».

Pasaje bíblico:	Orar:

«Una cosa te pido»

Pasaje bíblico:

Orar:

«Una cosa sí hago»

Pasaje bíblico:

Orar:

«Una cosa sé»

Pasaje bíblico:

Orar:

Realmente no nos falta nada. Sin embargo, a veces nos centramos en otras cosas o en las cosas equivocadas y nuestro enfoque desajustado nos impide ver que lo tenemos todo.

David, en el Salmo 27, nos muestra que no hay nada más satisfactorio que la «única cosa» de estar con nuestro Pastor y conocerlo.

Marta, en Lucas 10, nos recuerda que las cosas urgentes nunca son más importantes que la «única cosa» de simplemente estar y sentarse con nuestro Pastor.

Pablo, en Filipenses 3, nos anima a que la «única cosa» de conocer a nuestro Pastor siempre superará todas las cosas impresionantes que logremos en nuestras vidas.

Y finalmente, el ciego, en Juan 9, ilustra que no necesitamos entenderlo todo, solo necesitamos saber la «única cosa» que «¡aunque era ciego, ahora veo!» (v. 25).

¡Aleluya!

¿Ves, hermana? Verdaderamente, no nos falta nada. Incluso yo, con estos ojos ciegos, puedo ver que no me falta nada.

Oh Jesús, gracias por ser nuestro Pastor. Nada nos faltará.

¿QUÉ ES UN «LUGAR DE DELICADOS PASTOS»?

Cuando las ovejas están en un pasto frondoso, rumian y pastan durante horas, comiendo en exceso si el pastor se lo permite. Por eso, el pastor las obliga a recostarse en pastos delicados para que puedan digerir lo que han comido. Un lugar de delicados pastos es un espacio donde las ovejas descansan y digieren.

El Salmo 23 es un exuberante pasto de sabiduría y verdades prácticas. Necesitamos tiempo para descansar en él y digerir todo lo que hemos asimilado.

Así que cada versículo (y cada semana), disfrutaremos de un tiempo en el «Lugar de Pastos Delicados»: un día para descansar y digerir.

Bien, guau. Mi corazón está lleno. Hay tanto que asimilar de este breve versículo del Salmo 23. Así que mañana tendremos un día en el lugar de delicados pastos. Las ovejas lo necesitaban y nosotras también. Apagaré la computadora para ver mi lista de tareas pendientes. Si me olvido de algo importante, me limitaré a explicar que estaba contigo y que las ovejas no llevan reloj.

¡Nos vemos en los pastos delicados, amiga!

DÍA 5

DÍA DE DELICADOS PASTOS:
UN DÍA PARA DESCANSAR Y DIGERIR

> Jehová es mi pastor; nada me faltará.
>
> **SALMO 23:1**

¿Recuerdas los adjetivos que usaste ayer para describirte a ti misma? Apuesto a que los tuyos eran diferentes a los de tu compañera de estudio bíblico. Es un gran recordatorio de que todas somos únicas, lo que significa que «descansar y digerir» puede ser diferente para cada una de nosotras. En los Días de Delicados Pastos, encontrarás diferentes opciones para digerir lo que has aprendido durante la semana. A continuación, te ofrezco varias sugerencias para que elijas la que mejor se adapte a ti.

Bien, hermana, es hora de que estés simplemente con tu Pastor. Usa este tiempo para hacer lo que más te gusta hacer cuando quieres recordar lo que Dios te está enseñando. Usa tu diario, dibuja, escribe, canta, medita y da gracias al Señor por ser tu Pastor.

He aquí algunas cosas a tener en cuenta mientras descansas y digieres:

Lo que me encantó del Salmo 23:1:

Lo que aprendí sobre mi Pastor del Salmo 23:1:

Lo que aprendí sobre mí misma del Salmo 23:1:

Cómo viviré basándome en lo que aprendí en el Salmo 23:1:

Escrituras que quiero recordar de esta semana:

Citas que me han gustado de esta semana:

Gracias, Jehová, por ser mi Pastor. Nada me faltará.

Para ayudarte a meditar en las verdades del Salmo 23, he creado una lista de reproducción para cada versículo del salmo. La encontrarás en JenniferRothschild.com/Psalm23. No te preocupes, ¡es gratis! Mientras escuchas las letras de las diferentes canciones cada semana, deja que den voz a tus oraciones y te acerquen más a tu Pastor.

SESIÓN DE GRUPO 2

ANTES DEL VIDEO

Bienvenida y oración

NOTAS DEL VIDEO

El versículo 1 del Salmo 23 es la _____ de David.

La iglesia primitiva aceptó la idea de Dios como nuestro _____.

El pastor es tanto _____ y _____. El pastor actúa con _____ y _____. El pastor no solo se _____ us ovejas. Él _____ por ellas.

Cosas que sabemos sobre las ovejas

1. Las ovejas son fácilmente _____.

2. Las ovejas son _____.

3. Las ovejas son _____.

Nuestro Pastor es el _____ de _____.

Nuestro Pastor no solo _____. Nuestro Pastor _____ el _____.

Tres razones por las que podemos sentir falta

1. Malentendemos nuestras _____.

2. Malinterpretamos el _____.

   • Lo que deseamos que Dios nos quite podría ser lo que Él está usando para _____ nuestras _____.

3. Confundimos al _____.

GUÍA DE CONVERSACIÓN

Video 2

DÍA 1: ¿Qué característica de Dios es más significativa para ti? ¿Por qué?
¿Qué te reconforta y te anima de que Dios sea tu Pastor?

DÍA 2: ¿Cómo experimentas a diario los cuidados del Pastor?

DÍA 3: ¿En qué te pareces más a una oveja?
¿Te resulta difícil reconocer tu verdadera naturaleza y admitir tus verdaderas necesidades? Explícate.

DÍA 4: ¿Estás contenta? ¿Por qué sí o por qué no?
¿De qué manera lo que nos falta y lo que creemos que nos falta determina nuestra forma de vivir y de relacionarnos con Cristo?
¿Qué adjetivos te identifican?
¿Cómo pueden nuestros puntos fuertes hacer que nos falte lo que más necesitamos?

DÍA 5: Comparta algunos momentos destacados de tu Día de Pastos Delicados.
¿Cuál es la verdad más significativa que te llevas de esta semana de estudio?

¿Conoces a alguien que se animaría con esta enseñanza en video?
Solo tienes que ingresar el código que vino con este estudio.

SEMANA 2

TU PASTOR TE HARÁ DESCANSAR

En lugares de delicados pastos me hará descansar; junto a aguas de reposo me pastoreará.

SALMO 23:2

#ESTUDIOSALMO23

DÍA 1

Hoy estoy sentada junto a la chimenea con la computadora apoyada en las rodillas. Así que acerca una silla, ¡te he guardado un sitio!

Antes de empezar a estudiar este hermoso versículo, lee de nuevo el Salmo 23. Al hacerlo, observe cuán personal y bondadoso es tu Pastor. El versículo 2 nos da los dos primeros ejemplos específicos de cómo nuestro Pastor cuida de nosotras, sus ovejas. Escribe el versículo a continuación, haciendo una pausa en cada palabra. Mientras te detienes en cada palabra, piensa en su significado, porque esta semana vamos a escudriñar este versículo y sacar el máximo aprendizaje de cada sílaba.

ME HACE DESCANSAR

Sentarse junto al fuego es tan hermoso, ¿verdad? Es el lugar perfecto para estudiar lo que significa descansar, descansar en verdes praderas. De hecho, también tengo una taza de café apoyada en la mesa a mi lado porque toda esta tranquilidad puede adormecer a una amiga.

Así que sírvete el café o el té y empecemos con Google, o «El Google», como lo llama mi hermano, que no es tan moderno. Utiliza Google, o tu buscador para buscar las palabras «descansar» junto con el nombre de tu recurso en línea favorito (vea un ejemplo en la leyenda).

BÚSQUEDA EN LÍNEA

Cuando realices una búsqueda en internet, asegúrate de escribir las palabras clave entre comillas para que el buscador encuentre la frase completa y no las palabras por separado. Debes escribir algo como esto en tu menú de búsqueda: «descansar» *Bible Gateway*. Entonces, los resultados de tu búsqueda incluirán enlaces individuales a BibleGateway.com, todos ellos enlazando a un versículo de la Biblia que incluye la frase *descansar*.

Si no puedes hacer una búsqueda en línea, te he preparado una lista de frases para empezar que te servirán.

Junto a cada pasaje bíblico, parafrasea el versículo específico con tus propias palabras como una declaración personal de «puedo descansar porque…».

PASAJES BÍBLICOS	POR QUÉ PUEDO DESCANSAR
Salmo 3:5	
Salmo 4:8	
Proverbios 3:23-26	

¿Detectaste un tema en los versículos que contienen las palabras descansar? Los versículos de las Escrituras que incluí me mostraron que puedo descansar porque estoy segura, en paz y confiada en Dios. Eso tiene sentido. Es difícil acostarse en cualquier sitio si uno tiene miedo o no se siente seguro.

Piense en algunas de esas situaciones temidas o inseguras. Tal vez sea una habitación de hotel en la que no confías en la seguridad. O quizá te cueste dormirte en la playa porque temes que algún turista distraído y en bañador te pise la cabeza.

Nombra otras situaciones en las que no puedas descansar fácilmente.

¿Por qué has seleccionado estas situaciones?

Podemos nombrar todo tipo de lugares y situaciones, pero lo que tienen en común es que no sentimos suficiente paz, seguridad o confianza para bajar la guardia y descansar.

¿Recuerdas lo que sentías de pequeña en el asiento trasero del carro cuando conducían tus padres o los mayores en los que confiabas? No dudabas en descansar en el asiento trasero y quedarte dormida mientras te llevaban a casa. (Esto era antes de que existieran las sillas de coche, claro). Era fácil descansar porque te sentías segura y protegida: los adultos que conducían eran tu confianza. Sabías intuitivamente que te llevarían a casa.

Amiga, es lo mismo con tu Pastor. Puedes confiar en Él y descansar en Él, sabiendo que Él te tiene.

A SALVO CON TU PASTOR.

Las ovejas pueden echarse y descansar sin importar dónde estén cuando se sienten seguras con su pastor. Tú y yo necesitamos que nos recuerden, que también estamos seguros con nuestro Pastor, no importa en qué situaciones nos encontremos.

Busquemos pasajes bíblicos que afirmen que estamos seguras en Él, verdades que afirmen que podemos recostarnos y descansar en el asiento trasero sabiendo que Él tiene el volante. Busca en tu concordancia, o haz una búsqueda en línea de palabras como *esconder, refugiar y proteger,* palabras que representen seguridad para ti. Voy a compartirte algunas de las mías.

Basándote en cada versículo, ¿qué puedes saber acerca de tu Pastor que afirme que estás a salvo, lo suficientemente segura como para descansar?

PASAJES QUE NOS ASEGURAN	AFIRMACIONES SEGURAS
Salmo 27:5	
Salmo 32:7-8	
Salmo 91:1-4	
Isaías 25:4	

Saber que Dios me guardará cuando esté en angustia, saber que hay cánticos de liberación que me rodean incluso cuando no puedo oírlos, saber que cuando está oscuro hay una sombra mayor de las alas de Dios cubriéndome y saber que cuando me siento más indefensa mi Pastor es mi defensor: este tipo de verdades me dan una sensación de descanso y seguridad cuando me siento vulnerable.

Y hablando de sentirse vulnerable. Amiga, con la ceguera, tengo un montón de razones para sentirme insegura. De hecho, hace unas semanas me confundí y me desorienté en un baño de mujeres, y eso me molestó mucho...¡me asustó!

Ahora bien, necesito un sorbo de café antes de contarte esta historia. Está bien, respira hondo. En el baño de este restaurante de moda, la cabina estaba en un ángulo extraño y cada pared parecía una puerta de granero. Así que no importaba en qué pared pusiera mi mano, ninguna tenía sentido. Todas se sentían iguales -ranuras, listones, pernos y metal decorativo-, pero ninguna parecía una puerta una vez dentro de la cabina.

Estaba sola en el baño. Mi esposo me esperaba fuera y no había ninguna otra mujer. (En realidad, me alegro de ello. (¡Me habría sentido humillada!) Entrar no supuso ningún problema porque la puerta de la cabina giró detrás de mí y, evidentemente, se cerró sola cuando entré. ¿Pero salir? Eso sí que fue un problema. ¿Dónde estaba el pestillo? ¿Dónde estaba la puerta?

Sentí pánico. Sentí que me invadía un pavor abrumador, sin saber dónde estaba, cómo había llegado allí o cómo podía salir. Phil debió oírme desde el otro lado de la puerta del baño. No estoy segura de lo que oyó. Tal vez fueron unos extraños golpes y arañazos procedentes de la cabina. Asomó la cabeza y me preguntó: «Cariño, ¿estás bien?». No estoy segura de lo que dije, pero era obvio para él que no estaba bien. Así que entró al baño de mujeres y golpeó la parte exterior de la puerta de la cabina para que yo pudiera encontrarla.

Cuando tiré del pestillo y abrí la puerta, estaba luchando contra la ansiedad y el miedo. Solo quería salir de allí. Me preguntó qué había pasado. Intenté explicárselo, pero no pude porque en realidad no lo sabía. Lo único que sabía era que me sentía atascada, asustada, confusa y vulnerable. Digamos que no había descanso en ese baño.

No podemos descansar, no podemos estar en paz, si no nos sentimos seguras.

==Necesitamos encontrar nuestra seguridad en nuestro Pastor, no en nuestras situaciones.==

Ahora bien, amiga, esa afirmación anterior es fácil de decir, pero no siempre es fácil de hacer. Aunque sabía en mi cerebro que estaba a salvo, a salvo con mi Pastor en la cabina del baño, pero mi corazón acelerado no estaba tranquilo. Estaba claro que no había leído el memorándum. Comparto esto contigo porque todas tenemos cosas que nos hacen sentir inseguras: relaciones, situaciones, lugares e incluso recuerdos. Pero para los que conocemos a Cristo, tenemos un Pastor en quien podemos escondernos y refugiarnos. Cuando lo hacemos, estamos lo suficientemente seguras para descansar.

> ¿Qué relaciones, situaciones, lugares o recuerdos te ponen tenso o te asustan? ¿En qué áreas de tu vida te cuesta bajar la guardia y descansar en la seguridad que tienes en tu Pastor? Escribe aquí tus pensamientos. Si no te sientes cómoda escribiendo tu respuesta, siéntate con tu Pastor y ora al respecto.

Ahora escribe una oración a tu Pastor, pidiéndole que te asegure que estás a salvo en Él cuando se trata de esas áreas que mencionaste. Termina tu tiempo orando uno de las versículos que enlistaste anteriormente y que te ayudan a saber que estás a salvo con tu Pastor.

Oh Jehová, mi Pastor,

Amén.

El miedo siempre te mentirá y te dirá que no estás segura y que no puedes confiar en tu Pastor. La inseguridad te dirá que nunca encontrarás la paz y que tienes que mantener la guardia alta. El miedo es un mentiroso. La inseguridad no es tu amiga. Así que escoge uno de los pasajes bíblicos de hoy para meditar y memorizarlo. Eso es lo que yo hago: medito en las promesas de Dios que me recuerdan que estoy a salvo con mi Pastor. Cuanto más hagamos esto, más pronto nuestros corazones acelerados recibirán el memorándum.

¿Qué versículo meditarás y memorizarás?

Oh, amiga mía, puede que tu vida no te parezca un pasto delicado todo el tiempo, pero aún puedes recostarte y descansar. Y puedes vivir tranquila.

No son nuestras situaciones las que nos dan seguridad para descansar; es nuestro Pastor quien nos da seguridad para descansar.

Gracias, Jehová, por ser nuestro Pastor. Te amamos. Amén.

Bien, hermana, ¡hemos terminado por hoy! Oro para que Dios tome Su Palabra y lo que has reflexionado hoy y lo hunda profundamente en tu corazón para que sepas lo segura que estás en Él. La paz sea contigo.

DÍA 2

¡Hola! Vamos a empezar. Una buena manera de estudiar las Escrituras es leer un versículo varias veces y escoger algunas de las partes de la oración. Ya sabes, como hiciste en octavo grado. No te asustes si no te gusta la gramática. Esto será fácil y te guiaré a través de ello.

> Empezaremos con los verbos, también conocidos como palabras de acción. Busca los verbos del Salmo 23:2 (NVI) y márcalos en tu Biblia. O bien, anota todo el versículo a continuación y encierra los verbos en un círculo.

Por si la gramática te hace sudar frío, aquí tienes los verbos: *hacer (hace)* y *conduce*.

> Ahora piensa en esos verbos. ¿Quién realiza la acción?

> ¿Qué sugiere esto sobre el papel de Dios como Pastor y el tuyo como oveja?

Las ovejas tienen una responsabilidad, y no es encontrar los pastos delicados y las aguas de reposo. Su única responsabilidad es obedecer y seguir a su pastor. No buscan un lugar de descanso por su cuenta, miran al pastor. Él los conduce a pastos delicados y aguas de reposo.

A las ovejas les encantan los pastos delicados porque es allí donde se alimentan y donde descansan. Mañana hablaremos de nuestros pastos delicados personales, de lo que nos alimenta y nos da descanso. Mientras tanto, piensa en esto: ==¿Pasas más tiempo buscando pastos delicados que mirando a tu Pastor?==

¿Qué sugiere el Salmo 23:2 sobre cómo encontrar los verdes delicados pastos que buscas?

> ## SUSTANTIVO/ PRONOMBRE
>
> Un sustantivo es una persona, lugar o cosa. Nos señala quién realiza la acción. Un pronombre es una palabra o frase que puede sustituir a un sustantivo o frase nominal (Ejemplo: él, yo, ella, etc.). Puede hacer todo lo que hace un sustantivo. Cuando estudie las Escrituras, deténgase a considerar quién realiza cada acción mencionada. Profundizará su comprensión del pasaje y le dará una nueva perspectiva.

Bien, guarda eso en tu corazón mientras pasamos a los sustantivos y pronombres. Dibuja un recuadro alrededor de los sustantivos y pronombres del versículo dos en tu Biblia o en el versículo que hayas escrito. Si todavía te estás recuperando del incidente del verbo, que no cunda el pánico, aquí están los sustantivos: *pastos, aguas*. Y los pronombres: *él, yo*.

Piensa en los pronombres de este versículo. ¿Cuántos hay y a quién se refieren?

Tómate un momento para reflexionar sobre lo que esos pronombres sugieren acerca de tu relación con el Pastor.

Yo y él. Él y yo. (Mala gramática, lo sé.) Pero se trata de estar juntos. El verso dos tiene una sensación de compañerismo, ¿no? Es una imagen de *compañerismo*. El pastor *con* las ovejas.

El compañerismo es como una bicicleta construida para dos: tú y tu Pastor.

> Quiero que lo imaginemos. Así que, aunque seas la mujer con menos arte que jamás haya cogido un bolígrafo, dibuja una bicicleta construida para dos en el espacio proporcionado. Encima de cada asiento de tu preciosa bicicleta, escribe quién está sentado en ese asiento en concreto: tú o el Pastor.

¿Dónde estás sentada? No necesito ver tu dibujo para saber que probablemente te pusiste en la parte de atrás de la bicicleta porque las chicas buenas y cristianas sabemos que nuestro asiento asignado está atrás. Pero sé sincera. En realidad, ¿estás en la parte delantera de la bicicleta, al mando y pedaleando duro para llegar a ese pasto delicado y poder descansar?

O quizás estás en el lugar correcto pero con el corazón equivocado. Estás sentado en la parte de atrás de la bicicleta, pero constantemente gritando direcciones a tu Pastor y llamando a eso «oración». ¿Crees que sabes mejor que Él dónde deberían estar los delicados pastos de tu vida?

¿O te conformas con sentarte en la parte trasera de la bicicleta, a salvo con tu Pastor, sabiendo que Él tiene el control total?

LAS OVEJAS SIGUEN AL PASTOR

Vuelve a leer el Salmo 23:2. ¿Quién hace y conduce?

¡Lo sé, lo sé! Nosotras no. Estamos llamadas a seguir.

Seguir es liberador.

La rendición trae serenidad.

Si no obedecemos ni seguimos a nuestro Pastor, nunca recibiremos el descanso que anhelamos.

¡Hermana, a menudo reducimos este hermoso versículo a un día de spa espiritual! Pensamos que solo se trata de descansar y refrescarse. Aunque descansar y refrescarse son beneficios hermosos, no son el mensaje principal de este pequeño versículo. ¿Has averiguado cuál es? Te daré algunas respuestas posibles. Rodea con un círculo la que creas que es el mensaje principal:

La provisión de Dios   La autoridad de Dios

La guía de Dios   La protección de Dios

Oh amiga, todo se trata de la autoridad de Dios y nuestra rendición.

Hay una relación directa entre nuestra entrega a Dios y el descanso que recibimos de Él. Reflexiona sobre esta afirmación. ¿Por qué crees que es verdad? Mientras respondes, piensa en la ilustración de estar en la parte trasera de la bicicleta.

Jesús, nuestro Buen Pastor, también nos enseña este principio. Lee Mateo 11:28-29, y anota las dos cosas que Él nos dice que hagamos en el versículo 29 para recibir descanso para nuestras almas:

_____ y _____

> ## ¿QUÉ ES UN YUGO?
>
> *Yugo* no es una palabra que oigamos muy a menudo. Pero en la época de Jesús, los que escuchaban sus enseñanzas habrían sabido que se refería a una herramienta utilizada por los agricultores. El yugo era una viga de madera que se sujetaba al cuello de dos animales -la mayoría de las veces bueyes- y les permitía trabajar juntos para arrastrar cargas o arar los campos. Para entender mejor su uso, haz una búsqueda rápida en Google para encontrar una imagen de un yugo. Ahora tiene sentido, ¿verdad?

¿Qué quiso decir Jesús cuando dijo que aceptemos Su yugo? Si no estás segura, puedes buscarlo en un diccionario bíblico o en una enciclopedia. (O puedes consultar la información en el recuadro de la izquierda).

Cuando un maestro judío, un rabino, utilizaba este tipo de lenguaje, estaba diciendo *sigue mis enseñanzas, sométete a mi autoridad, sé mi discípulo*. La gente de la época de Jesús se afanaba bajo las pesadas y agotadoras enseñanzas y tradiciones rabínicas. Jesús les ofreció un camino diferente. Si se sometían a Él, aprendían de Él y le permitían ser la autoridad en sus vidas, no estarían agotados. Más bien, sus almas encontrarían descanso.

> Basándote en lo que sabes sobre el mensaje y las enseñanzas de Jesús, ¿cómo es eso cierto? ¿Cómo nos hace descansar Su yugo? Consulta los siguientes pasajes bíblicos para ayudarte a responder la pregunta:
> 2 Corintios 8:9, Filipenses 2:13, Tito 2:11-12, 1 Juan 5:3.

El yugo de Jesús es de gracia, misericordia, amor y perdón. No se basa en lo que yo puedo hacer, sino en lo que Él ha hecho. Cuando tomamos el yugo de Jesús sobre nosotras, estamos diciendo: «Tu gracia me guardó un asiento en la parte trasera de Tu bicicleta. Tú estás en el asiento delantero de esta bicicleta, y yo pedalearé junto a Ti, detrás de Ti. Te seguiré».

Eso significa, hermana, que Él elige el camino. Él determina el ritmo, y Él llevará el peso del viaje. Si alguna vez has estado en la parte trasera de una bicicleta *tándem* (bicicleta para dos personas, con dos asientos y dos juegos de pedales), créeme, ¡la persona de atrás ni siquiera tiene que pedalear si no quiere! *Guiño*. La de delante es la que hace la mayor parte del trabajo. Todo lo que tengo que hacer cuando Phil está en la parte delantera de nuestra bicicleta anaranjada construida para dos es confiar en él, seguirle y cooperar con él.

La confianza y la obediencia nos traen descanso.

Si eso es cierto, ¿qué es lo contrario de la confianza?

¿Qué es lo contrario de la obediencia?

Oh hermana, la incredulidad y la rebelión nos impiden descansar.

Encuentre Hebreos 3:7-19. La mayoría de las Biblias tienen un subtítulo o título sobre el versículo 7. ¿Lo tiene la tuya? Si es así, escriba lo que dice.

Bien, ahora lee esos trece versículos. Este pasaje nos dice por qué el pueblo de Israel que salió de Egipto no pudo entrar en su descanso, que representa la tierra prometida. ¿Cuál fue la razón fundamental y resumida en el versículo 19?

Observa tu propia vida. Considera los momentos en los que sientes menos descansada tu alma. ¿Es causado por la incredulidad? Explica.

Para los israelitas, la incredulidad se manifestaba como rebelión, quejas y búsqueda de su propio camino. ¿Qué aspecto tiene la incredulidad en tu vida?

No quiero perderme el descanso por culpa de la incredulidad y sé que tú tampoco. Hermana, podemos estar tan engañadas que pensamos que Dios y Sus promesas no son confiables o que nuestro plan es mejor.

Entonces, ¿qué es lo que nos puede proteger de ser engañadas, de salirnos del yugo de nuestro Pastor y perdernos Su descanso? La respuesta se encuentra en Hebreos 3:13. Escríbela aquí:

A quién voy a animar:

Lo que voy a hacer para animarla:

Estamos protegidas de ser endurecidas por el engaño del pecado si nos mantenemos con el rebaño y animándonos las unas a otras «mientras todavía se dice hoy» (Heb. 3:13, NBLA).

Espera, déjame comprobar mi reloj braille. Sí, hoy se sigue llamando hoy. Y, cuando terminemos con esta parte del estudio, se seguirá llamando hoy. Y hasta que llegue mañana, se llamará hoy.

Eso significa que tienes el tiempo y la razón para animar a tus compañeras de estudio bíblico ahora mismo. Piensa en una de tus compañeras y en una forma práctica en la que puedas animarla hoy.

El escritor de Hebreos cita un salmo en el pasaje que acabas de leer. Vuelve a leer Hebreos 3:7-19, localiza el salmo incluido y escribe el versículo: Hebreos 3:_____.

Ahora cruza estos versículos. ¿Dónde se incluye esta sección en los Salmos?

> **REFERENCIAS CRUZADAS**
>
> Hacer una referencia cruzada de un versículo o parte de un versículo significa encontrar otros pasajes de las Escrituras que sean iguales o similares. Muchas Biblias indican los versículos con referencias cruzadas en las notas a pie de página o en los márgenes de la página. Además, si parte de un pasaje es una cita directa de otro pasaje, normalmente se indicará con mayúsculas o con negrita. Si su Biblia no dice exactamente dónde encontrar el versículo citado, usted puede encontrarlo haciendo una búsqueda en Google o en Internet. Solo recuerde poner comillas alrededor de la frase de búsqueda o versículo. En este caso, usted buscaría: «No endurezcan sus corazones, como en la provocación...»(Heb. 3:8, NBLA).

En caso de que no lo haya visto, la porción citada se encuentra en Hebreos 3:7b-11 y proviene del Salmo 95:7b-11. Pero lo interesante es cómo comienza el Salmo 95:7.

> ... él es nuestro Dios y nosotros somos el pueblo de
> su prado; ¡somos un rebaño bajo su cuidado!
> **SALMO 95:7, NVI**

Es un recordatorio de que somos ovejas, somos seguidoras. somos vulnerables. Necesitamos permanecer cerca del Pastor y en el rebaño. Necesitamos permanecer unidas y animarnos unas a otras para no ser engañadas por la mentira del pecado que nos dice que podemos hacerlo todo lo que queramos y que no necesitamos un Pastor.

Cuando sigas estudiando este versículo esta semana, recuerda que se basa en la idea de que las ovejas están bajo la autoridad del Pastor. Cuando se someten, pueden recostarse en delicados pastos y descansar junto a aguas de reposo.

Queremos todos los pastos delicados y las aguas de reposo que Dios quiere darnos, ¿verdad?

¡Sí, amiga! ¡Hasta mañana!

DÍA 3

¡Hola, hermana! Hagamos un repaso rápido a medida que empezamos hoy. Hemos hablado de cómo el estar a salvo con nuestro Pastor nos trae descanso. Hemos hablado de cómo estar bajo la autoridad de nuestro Pastor nos trae descanso. Y, ahora, vamos a ponernos muy prácticos sobre qué tipo de descanso estamos hablando.

Yo ya tengo mi café; ¡espero que tú tengas el tuyo! Sigamos analizando el Salmo 23:2. Hasta ahora, hemos visto los verbos de este versículo y estudiado los pronombres. Ahora, hablemos de los sustantivos que aparecen en el versículo 2: los pastos y las aguas.

EN VERDES PASTOS (NVI)

Observe que hay un adjetivo que describe el pasto. Nunca pases por alto ninguna palabra de la Escritura. ¡Los adjetivos importan! ¿De qué se trata?

Mira en tu concordancia, o haz una búsqueda en tu recurso online favorito de *pastos verdes o pastos.* Puede ser útil consultar diferentes versiones de la Biblia. Anota una lista de versículos en los que aparezcan estas palabras. He incluido algunos para empezar.

Jeremías 23:10 • Ezequiel 34:14 • Joel 2:22 • _____

_____ • _____ • _____

Después de leer diversos versículos que describen los pastos, ¿qué crees que pueden representar los pastos verdes?

¿Por qué existen? ¿Cuál es su propósito?

Los pastos verdes están vivos y dan vida. Para las ovejas, son un lugar de descanso y una fuente de alimento.

DOS TIPOS DE PASTOS VERDES

Hoy analizaremos dos formas de pastos verdes: las prácticas y los deleites. Necesitamos ambos.

Empecemos por los deleites de los pastos (¡Porque es muy divertido!).

Los deleites del pasto son las experiencias, lugares o actividades que te hacen sentir más vivo. Te relajan o te refrescan. Nutren tu alma.

> Escuchar un gran audiolibro escrito por un autor fallecido mientras mordisqueo chocolate negro y huelo una cálida vela de vainilla, es para mí un deleite de pasto. También lo es montar la bicicleta para dos y explorar tiendas de antigüedades. ¿Cuáles son algunos de tus deleites? Especifica.
>
> Mis Deleites de Pasto:
>
> ¿Has disfrutado últimamente de estos deleites? ¿Qué le ocurre a tu actitud y a tu visión general de la vida cuando pasas demasiado tiempo sin disfrutar de los deleites del pasto?

No estamos tan conscientes de nuestras necesidades como Dios lo está. No reconocemos las señales que nos dicen que necesitamos recostarnos en pastos verdes. Pero las tenemos. Algunas de mis señales son la impaciencia, la falta de contentamiento, ser olvidadiza y rápida para llorar —¡como el burrito de Winnie Pooh! Cuando esas cosas empiezan a aparecer en mi vida, sé que necesito un pasto verde. Deja el bolígrafo o quita tus bonitas uñas pintadas del teclado durante un minuto y reflexiona: ¿Reconoces las señales que te indican que es hora de disfrutar de verdes pastos?

Si es así, escríbalas a continuación debajo de «Mis señales de oveja». Si no estás segura de tus señales personales, pídele a Dios que te las muestre. También puedes preguntarle a un amigo de confianza o a tu esposo. Créeme, ¡ellos sabrán!

Mis señales de oveja:

Pensemos en las señales de las ovejas. El Pastor puede utilizarlas para llamar nuestra atención y dirigir nuestra mirada hacia Él, de modo que respondamos a Su guía y le sigamos.

Todas estamos conectadas de forma diferente, por lo que tendremos diferentes intereses y necesidades en cuanto al deleite de los verdes pastos. Pero todas tenemos en común la necesidad de prácticas diarias de pastos verdes.

Las prácticas de verdes pastos tienen mucho en común con las máscaras de oxígeno. Me explico a continuación.

Cada vez que vuelo, escucho las mismas instrucciones de seguridad. Algunas azafatas las anuncian con una pronunciación perfecta. Otros respiran hondo y lo resumen todo en un monosílabo de sesenta segundos. Y otras se alargan tanto que me hacen desear bajarme del avión ¡Tengo que salir de ahí!

Sin embargo, sea cual sea el estilo o el guion, una cosa que la azafata siempre indica a los pasajeros es «ponte primero la mascarilla antes de ayudar al pasajero de al lado».

El discurso es más o menos así: *Si se produce un cambio brusco de presión, las máscaras de oxígeno caerán del compartimento situado encima de usted. Tire de la máscara hacia usted, colóquese la copa amarilla sobre la nariz y la boca, asegurando la correa. Si viaja con un niño o alguien que necesite ayuda, póngase primero la mascarilla antes de asegurar la de ellos.*

¿Por qué todas las azafatas dan las mismas instrucciones? Porque, si intentas ayudar a otra persona a ponerse la mascarilla mientras tú estás jadeando y poniéndote azul, pasas rápidamente de ser un activo a un pasivo.

Necesitas prestar atención a tus necesidades para que estés equipada para satisfacer las necesidades de otros. Tu Pastor quiere llevarte a delicados pastos verdes no solo para bendecirte y ministrarte, sino para que Él pueda bendecir a otros y ministrar a otros a través de ti.

Al igual que necesitas oxígeno todos los días, necesitas algunas visitas a los pastos verdes todos los días. Y, al igual que el oxígeno no es opcional, las prácticas de pastos verdes tampoco lo son: las necesitas para respirar.

¿Qué son las prácticas de pastos verdes?

Estas son las cosas que haces a diario para mitigar las señales de ovejas que aparecen. Estas son las elecciones diarias que haces para cuidar de ti mismo, tal y como tu Buen Pastor querría que te cuidaran.

Las prácticas de pastos verdes se dividen en dos categorías básicas.

1. TU CUERPO

Pregúntate lo siguiente:

- ¿Descanso lo suficiente?
- ¿Tengo una dieta sana?
- ¿Hago ejercicio de forma adecuada y con la frecuencia suficiente?
- ¿Mis hábitos de salud preparan mi cuerpo para ayudarme a hacer lo que necesito y quiero hacer?
- ¿Cuáles son las mejores decisiones que puedo tomar en relación con el cuidado de mi cuerpo, como descansar, comer o hacer ejercicio?

Amiga, ahora mismo mi caminadora tiene una capa de polvo que la cubre. Así que no escuches ni por un segundo que estoy predicando un mensaje del tipo «levántate del sofá y sé una reina del ejercicio que come solo vegetales todos los días». Estoy predicando gracia, ¡solo gracia! No puedo hacer esto sin la gracia de Dios porque yo personalmente estoy de vez en cuando con este tipo de prácticas de pastos verdes. (En este momento estoy en una racha que hace que escribir esto sea bastante convincente).

Estoy aprendiendo constantemente que la única manera de cuidar mi cuerpo como mi Pastor querría que lo hiciera es sostenerme de Su gracia y seguirle a estos verdes pastos. He aprendido por las malas, lo agotada y desgastada que me pongo cuando no lo hago. Aquí hay dos versículos que me recuerdan que Dios y Su gracia están obrando en mí: Filipenses 1:6; 2:13. Si esto también es difícil para ti, cuéntaselo a una compañera de estudio bíblico. Te garantizo que no estás sola. Ambas pueden apoyarse en la gracia mutuamente: juntas somos más fuertes.

2. TU ALMA

Pregúntate lo siguiente:

- ¿Alimento mi alma todos los días?

- Participo en actividades que ministran mi alma?

- Mantengo hábitos espirituales que me conectan con Dios y con los demás?

- ¿Cuáles son las mejores decisiones que puedo hacer para alimentar y ministrar mi alma y conectarme con Dios y con los demás?

Si somos amigas desde hace mucho tiempo, quizá sepas lo importante que es para mí el viejo himno «Estoy bien con mi alma». Fue la primera canción que toqué al piano de oído después de perder la vista cuando era una niña de 15 años. La verdad es que incluso cuando nuestras circunstancias no están bien, nuestras almas pueden estar bien. En última instancia, Jesús hace que nuestra alma esté bien. *Gracias, Señor.*

Él nos da la oportunidad de seguirlo a pastos delicados todos los días, para mantener bien nuestras almas. En otras palabras, hay algunas cosas que podemos hacer para que eso suceda. Leer las Escrituras, estar a solas con Dios y relacionarnos con otros seguidores de Cristo, alimentan nuestras almas, por nombrar solo algunas prácticas. Experimentar de vez en cuando algunos de esos deleites de pastos verdes que has enumerado antes también ministrará tu alma. Ora de verdad sobre esto, hermana mía. Tu Pastor quiere que lo sigas en estas prácticas de pastos delicados. A través de Su gracia, Él te dará lo que necesitas para cuidar de tu alma.

La azafata siempre precede su monólogo sobre la máscara de oxígeno con: «En el improbable caso de una emergencia...» Pero aquí está la cosa. Tú sabes tan bien como yo que las emergencias no son improbables en absoluto. Parecen ocurrir con bastante frecuencia. Por supuesto, hay una variación en la gravedad de cada emergencia. Pero las vamos a tener.

Inevitablemente, se nos pedirá que nos pongamos la máscara y a alguien más cuando menos lo esperemos.

Si empezamos cada día con el hábito de ponernos primero nuestras máscaras, estaremos más preparadas para ponérselas a los demás cuando más lo necesiten.

Eso significa que necesitamos desarrollar prácticas de pastos verdes que se adapten a nosotras. No trate de copiar las de su compañera de estudio bíblico, encuentre lo que funciona para usted. ¡Usted puede hacer esto, hermana! Por la gracia de Dios, puedes hacer lo que Él te guíe a hacer.

> ¿Cuáles son las prácticas de pastos verdes que piensa iniciar o reanudar?

Las prácticas de pastos verdes son decisiones que tomamos, como la de estirar la mano y bajar una máscara de oxígeno. Pero a veces no estamos sintonizadas. Así que mantente cerca del Pastor; escucha Su voz. A veces Él utiliza tus señales de oveja como un suave empujón para que le sigas a un pasto verde.

> ¿Hay algunas áreas en tu vida en las que no estás reconociendo las señales de oveja? ¿Necesitas que Dios te haga descansar en verdes pastos ? Si es así, ¿en qué cambiaría tu vida si pasaras algún tiempo en verdes pastos?

> Si quieres seguir aprendiendo, busca en un diccionario la palabra hebrea para *me hace*. Después de estudiarla un poco, describe cómo el hebreo original profundiza, cambia o personaliza tu comprensión del concepto *me hace* que se encuentra en el Salmo 23:2. (Te lo explicaré cuando veas el video esta semana).

Hermana, tal vez este sea tu día para responder a tus señales de ovejas y seguir a tu Pastor a un pasto verde. Hazlo, hermana. Él es digno de nuestra entrega.

Ha sido un tiempo bien invertido, ¿verdad? Gracias por ser sincera conmigo sobre todo esto. Voy a desempolvar mi cinta de correr y a practicar lo que enseño.

Señor, gracias por darnos seguridad en Ti. Nos rendimos a Tu autoridad como nuestro Pastor, y te seguiremos. Haznos conscientes de nuestras señales de oveja, y haz que nos acostemos hoy en un pasto verde.

Señor, guíanos y te seguiremos. Amén.

DÍA 4

¡Hoy no hay café caliente para mí! Creo que necesitamos algo helado porque nos dirigimos al agua. Ponte las sandalias, ¡y vamos a terminar el versículo 2 del Salmo 23!

ME CONDUCE JUNTO A LAS AGUAS DE REPOSO

Como parece la semana de la gramática, vamos a seguir así. Encuentra el adjetivo, o descripción, que aparece antes de la palabra aguas en Salmo 23:2. Ahora, saca un diccionario o consulta un diccionario de sinónimos en Internet y anota las palabras opuestas y similares a reposo (Si te gusta la gramática, estás en el cielo, ¿verdad?).

Antónimos de *reposo*:

Sinónimos de *reposo*:

Repasa los antónimos y sinónimos que has enumerado. ¿Cuál es tu reacción ante cada grupo de palabras? ¿Te preocupan los antónimos? ¿Te animan los sinónimos?

Los antónimos me hacen sentir:

Los sinónimos me hacen sentir:

Amiga, me encantan palabras como *quieto, tranquilo, inmóvil y calmado*. Son como ventanas en mi alma que dejan entrar la brisa fresca y el sol. ¡Me relajan o me dan ganas de estar así! Esta es la descripción de las aguas a las que nos conduce nuestro Pastor.

La razón por la que las aguas de reposo son tan importantes para las ovejas es porque no beben el agua si está turbia o agitada. No meten el hocico en la corriente. Saben intuitivamente que necesitan aguas de reposo. Reposo es calma. Nosotras también necesitamos aguas de reposo.

> Busca en una concordancia o en una herramienta bíblica en línea pasajes que contengan las palabras *quietud* o *sosiego*. Escribe el resultado de estar quietas y en sosiego. Listé algunos pasajes para comenzar.

PASAJES BÍBLICOS	RESULTADOS DEL *REPOSO, LA QUIETUD* Y *EL SOSIEGO*
Salmo 46:10	
Salmo 65:7	
Salmo 107:29	
Salmo 131:2	
Proverbios 14:30	
Marcos 4:39	

¡Ah! Cuando lees lo que has escrito en la columna de resultados, ¿no anhelas todo eso?

Claro que sí. Las Escrituras nos muestran una y otra vez que cuando Dios calma y aquieta cualquier cosa- tormentas o personas-el resultado es descanso, paz, una comprensión más clara de quién es Dios, e incluso salud para nuestros cuerpos.

ESTATE QUIETA Y CONOCE

He aquí una pregunta basada en uno de esos versículos (Sal. 46:10).

> ¿Y si te quedas quieta? ¿Cómo esa verdad podría cambiarte?

No me refiero a quedarse quieta como si posaras en un museo de cera. Y no me refiero a quedarse quieta como si eludieras responsabilidades y dejaras tu trabajo para sentarte en el sofá. Me refiero a la quietud de tu alma y espíritu. Crear un lugar en tu alma para estar en silencio y saber que Él es Dios, el Dios soberano.

> ¿Qué pasaría si realmente pudieras *estar quieta y saber que Él es Dios*?

Amiga mía, puedes y debes hacerlo. Yo lo hice y lo sigo haciendo.

Hace unos años, durante una dura depresión, me quedé muy quieta. Surgieron dos certezas: Dios es Dios. Yo no lo soy, ni debo serlo. Tú tampoco lo eres.

Él es Dios sobre nuestros problemas y Dios sobre nuestro dolor. Él es más grande que cualquier montaña a la que nos enfrentemos y más fuerte que cualquier poder que poseamos.

Cuando me aquieté y aprendí en lo más profundo de mí que Él es Dios, me liberó de intentar, de arreglar y hacer. Me permitió ser yo misma. Simplemente ser. Fue otra lección de mi Pastor asegurándome que está bien ser una oveja. Estoy a salvo con Él.

Te mostraré lo que quiero decir. Ya que ahora somos amigas, podrías leer mi diario de aquel tiempo.

3 de septiembre de 2010

Ya casi es hora de que Connor vuelva del colegio. Acabo de descansar una hora. Ni siquiera sé por qué. Ni siquiera me siento cansada. Pero me siento abrumada por el vacío en el que vivo en este momento. Me he acostado y le he preguntado al Señor *¿qué debo hacer?* No sé qué más hacer. Me siento totalmente impotente, paralizada y abrumada. Sé que Él solo me impresionó, sé que escuchar Su voz resonar en mi corazón. Él dijo, *no debes hacer, debes ser. Quédate quieta y conoce que Yo soy Dios.* Simplemente ser. Supongo que descansar es ser. Supongo que caminar a través de esta temporada con las manos abiertas para recibir es simplemente ser, no hacer. Mientras camino por este valle, puedo estar quieta. La Escritura no me dice que sea un reparador y que sepa que Él es Dios. No me dice que debo hacer algo para saber que Él es Dios. Me está asegurando que simplemente debo estar quieta-ser-no correr, arreglar y hacer. No me centraré en hacer; me centraré en ser. *Incluso cuando tenga cosas que hacer, Señor, ayúdame a estar quieta. Estar quieta en Ti, descansar en Ti, y saber que Tú eres Dios. Tú estás al mando. Puedo simplemente ser, y Tú harás todo lo que sea necesario hacer en mí y a través de mí. Gracias, Señor.*

Así que, amiga mía, tal vez hoy solo necesites respirar hondo y estar quieta para saber que tú no eres Dios; Él sí lo es. Y Él quiere encontrarse contigo en tu estrés o tristeza. Así que tranquilízate. De hecho, detente. Deja de intentar hacer y simplemente sé. Estate quieta. Sigue a tu Pastor donde Él te guíe. No te empeñes en seguir tu propio plan. Deja de esforzarte por ser la líder.

Tómate un tiempo de quietud junto al agua con tu Pastor. Camina con Él. Siéntate en silencio con Él en tu mesa o en tu sillón favorito. Deja que las ventanas de tu alma se abran de par en par para que la brisa fresca de Su vida pueda entrar, calmarte y darte descanso. Silencia tu mundo, silencia tu corazón y simplemente estate en quietud con Él.

Sí, hermana, quiero decir que ahora mismo es el tiempo para hacerlo. Puede volver enseguida para terminar nuestro tiempo de estudio juntas.

Bien, ahora, continuemos reflexionando en el Salmo 46:10.

¿Cómo se ve tu vida diaria en relación con este versículo? ¿Alguna de las siguientes frases es cierto para ti?

«Sé un reparador, y conoced que yo soy Dios».

O tal vez, «Ten el control, y conoce que yo soy Dios». Bien, es tu turno. Completa el espacio en blanco que corresponda a tu situación actual:

Sé _____ y conoce que yo soy Dios.

Escribe una oración a tu Pastor o escribe tus pensamientos sobre cómo estás viviendo este versículo. Tus palabras pueden reflejar agradecimiento porque estás experimentando paz. O puedes escribir una petición a Dios que te ayude a estar quieta para que sepas que tú no eres Dios y que Él sí lo es. Pídele que te enseñe más sobre este concepto de estar quieta. Él te responderá.

EL PASTOR GUÍA, LAS OVEJAS SIGUEN

Estoy tan agradecida que Él nos tiene. Él tiene el control. Él nos da descanso y estamos seguras con nuestro Pastor. Ahora, ¡identifiquemos una última parte de la oración para la semana gramatical!

¿Cuál es el verbo que acompaña a aguas de reposo? ¿Qué hace tu Pastor?

Dios te pastoreará junto a las aguas de reposo. No te envía junto a las aguas de reposo. No te arrastra a las aguas de reposo. No te arroja al fondo de las aguas de reposo para que aprendas a nadar. Él te *pastorea*. Dios te conduce. Él te guía por aguas de reposo.

Escribe en tu diario tus pensamientos acerca de por qué Él te pastorea a aguas de reposo en lugar de simplemente darte un mapa y esperar que encuentres tu propio camino. ¿Qué sugiere el pastoreo sobre el carácter de Dios y Su cuidado por ti?

Para las ovejas, las aguas de reposo son la fuente que sacia su sed. ¿Cuáles son o dónde están las aguas de reposo en tu vida? ¿Qué te ayuda a saber que Él es Dios? ¿Qué te trae paz, claridad y salud?

Si no has estado en aguas de reposo tanto como lo necesitas, ¿qué puedes hacer para llegar a ellas más a menudo?

¿Puedes pensar en formas en las que Dios te lleva a aguas de reposo?

Nunca hubiera pensado, ni en un millón de años, que cuando estaba en medio de la depresión también estaba siendo pastoreada por aguas de reposo. Dios usó ese tiempo seco en mi vida como aguas de reposo disfrazadas, un tiempo para saciar una sed más profunda dentro de mí. Era una que ni siquiera sabía que tenía hasta que la necesidad fue satisfecha. Él me condujo amorosamente junto a aguas de reposo. Me mostró que podía confiar en Él como mi Pastor, y que yo podía ser una oveja. Podía seguirle y descansar en Él.

¿Has tenido en tu vida alguna situación en la que se te has disfrazado de aguas de reposo? Si es así, ¿qué aprendiste de tu Pastor? ¿Qué aprendiste de ti mismo?

Para que las ovejas obtengan lo que necesitan de su pastor, deben estar dispuestas a obedecer cuando les hace recostarse en pastos delicados. Y deben estar dispuestas a seguirle cuando las conduce a aguas de reposo. Deben someterse a la autoridad del pastor. Si persisten en clavar sus pezuñitas en el pasto o ignoran la guía del pastor, no estarán donde tienen que estar para conseguir lo que necesitan.

Tu alma también tiene necesidades como el descanso, alimento, paz, compañía y refrigerio. ¿Estás preparada para recibir lo que tu alma más necesita? No te alejes hoy hasta que arregles esto entre tú y tu Pastor. Esto importa porque tú importas, mi dulce hermana.

Después de estudiar este hermoso versículo, ¿no quieres respirar hondo y descansar en tu Pastor? ¿No quieres quedarte en esa posición en cada momento de cada día? Yo también, hermana.

DÍA 5

DÍA DE LOS PASTOS DELICADOS:
UN DÍA PARA DESCANSAR Y DIGERIR.

> En lugares de delicados pastos me hará descansar;
> junto a aguas de reposo me pastoreará.
>
> **SALMO 23:2**

Este es tu día para hacer cualquier cosa que te ayude a digerir realmente lo que has aprendido esta semana. También es una oportunidad para descansar, orar, escribir en un diario, dibujar, adorar o reflexionar. He incluido algunas cosas prácticas esta semana para ayudar a poner en práctica lo que hemos aprendido. Pero no te sientas presionada a responder. Haz lo que te resulte útil.

He aquí algunas cosas para tener en cuenta mientras descansas y digieres:

Mi plan de Prácticas de Pastos Delicados:

Mi lista de deseos de Pastos Delicados:

Aguas de reposo que quiero incluir en mi vida:

Pasajes bíblicos que quiero recordar de esta semana:

Citas que me han gustado de esta semana:

Gracias, Señor, por los delicados pastos y las aguas de reposo. Condúceme a ellos y te seguiré.

¡Sé una mujer de Hebreos 3:13! Comparte en Facebook® algo de esta semana que te haya animado para que pueda animar a otras. Si estás en Instagram®, tómate una foto en una práctica de pasto delicado o deleite y compártela para animar a tus compañeras de estudio. (Etiquétame @JennRothschild para que yo lo sepa, por favor). O envíale un mensaje de texto a una amiga para darle el impulso que necesita.

Medita sobre las verdades que has experimentado en este versículo. Escucha las canciones que he incluido en mi lista de reproducción del *Salmo 23*. (Encontrarás la lista de reproducción en inglés JenniferRothschild.com/Psalm23).

SESIÓN DE GRUPO 3

ANTES DEL VIDEO

Bienvenida y oración

NOTAS DEL VIDEO

Nuestro Pastor, que suple todas nuestras necesidades, sabe que necesitamos _____.

Cuatro cosas que necesitan las ovejas para descansar

1. Las ovejas deben estar libres de _____.

2. Las ovejas deben estar libres de _____.

3. Las ovejas deben estar libres de _____.

4. Las ovejas deben estar libres de _____.[1]

Verbos del Salmo 23:2

1. Él nos _____ hace descansar.

- «Él me hace descansar» también puede interpretarse como «Él me _____».

- No conseguimos lo que necesitamos porque hay muchas cosas que _____.

- Si no haces una pausa, no recibes _____.

- El Salmo 23:2 se trata de la _____ de Dios y nuestra _____ a Su autoridad.

2. Él nos _____.

- No necesitamos buscar _____. Solo necesitamos mirar al Pastor, y Él _____ hacia aguas de reposo.

Cuando nos situamos bajo la autoridad de nuestro pastor:

Él _____ nuestro miedo

Él _____ nuestra fricción.

Él _____ nuestras distracciones.

«_____ y ved que es bueno Jehová» (Salmo 34:8).

GUÍA DE CONVERSACIÓN
Video 3

DÍA 1: ¿En qué situaciones te cuesta descansar?
¿Cuál es tu versículo «seguro» favorito? ¿Por qué?
¿Estar a salvo con el Pastor significa que nunca tendrás dificultades? Si no es así, ¿qué significa?

DÍA 2: ¿Pasas más tiempo buscando pastos delicados que mirando a tu Pastor? Explica.
¿Cuál es el vínculo entre nuestra entrega a Dios y el descanso que recibimos de Dios?
¿De qué manera la fidelidad al rebaño evita que seamos engañados?

DÍA 3: ¿Cuáles son algunos de tus deleites y prácticas con los Pastos Delicados?

DÍA 4: ¿Te resulta difícil estar quieta? Explica.
¿Cuál es la elección intencionada que necesitas hacer para llegar más a menudo a esas aguas de reposo?

DÍA 5: Comparte algunos de los momentos más destacados de su Día de los Pastos Delicados.
¿Cuál es la verdad más significativa que te llevas de esta semana de estudio?

¿Necesitas recordar lo que acabas de escuchar? Solo tienes que ingresar el código que vino con el estudio.

SEMANA 3

TU PASTOR GUIARÁ TU SENDA

Confortará mi alma;
me guiará por sendas de justicia
por amor de su nombre.

SALMO 23:3

#ESTUDIOSALMO23

DÍA 1

Confortará mi alma; me guiará por sendas de
justicia por amor de su nombre.
SALMO 23:3

¿Soy solo yo, o puedes creer la profundidad y la riqueza de este pequeño salmo? ¡Hay tanto en él, búscalo en otras versiones! ¿Estás preparado para el versículo tres? Toma asiento y comencemos con una oración.

Oh Señor, nuestro Pastor, guíanos hacia la verdad esta semana mientras estudiamos Tu hermosa Palabra. Aquieta nuestros corazones, aclara nuestras mentes y atráenos hacia Ti. Amén.

ÉL RESTAURA

Acabo de preparar un poco de té en una vieja tetera de plata esperando a que empecemos. Amiga, me encanta esta pieza. Es de finales del siglo XIX y no solo está llena del más aromático té negro. Está llena de actitud: elegancia victoriana, pompa y actitud británica. Además, mantiene mi té caliente durante horas. Decidí empezar hoy con un té apropiado porque usar esta tetera me ayuda a conectar con este verso. Verás por qué en un minuto.

Si aún no lo has hecho, busca en tu Biblia el Salmo 23:3 (NBLA) y léelo en voz alta. Contiene cuatro de las palabras más atractivas, hermosas y prometedoras de las Escrituras: «Él restaura mi alma».

Ahh, ¿qué mujer no ama eso-qué mujer no necesita eso? Empecemos esta semana de estudio aprendiendo y viviendo esas palabras: «Él restaura mi alma».

Ahora, aunque ya hemos estudiado los dos primeros versículos de este salmo, vuelve a anotar quién escribió el salmo 23:

Sé que sabes que es David, pero es importante recordar siempre el contexto, porque el contexto nos ayuda a entender el texto.

A lo largo de este salmo, David se compara con un ¿qué?

¿Qué nos recuerdan los pronombres personales que David utiliza acerca de la relación entre él y el Señor, y entre nosotros y nuestro Pastor? (Repasa de nuevo el versículo 1, como referencia).

==David escribe esto sabiendo que pertenece a su Pastor. Nosotras debemos leerlo de la misma manera.== Tanto los pastores antiguos como los modernos no suben a una colina, ven unas ovejas y empiezan a cuidarlas.

Los pastores eligen y compran sus ovejas. Son de su propiedad. Las ovejas son posesión del pastor.

Eso significa que no podemos ir más lejos sin una pregunta sincera. ¿Perteneces al Pastor?

En otras palabras, ¿has respondido al llamado de Cristo de seguirlo, te has apartado de tu pecado y te has vuelto hacia Él? ¿Es Jesús tu Salvador y Señor?

Amiga, nada de esto tendrá sentido si no conoces a Jesús. Saber de Él no es lo mismo que conocerlo. Antes de pasar al siguiente párrafo, responde honestamente aquí. Si no estás segura, llama a una compañera de estudio bíblico o a una amiga que camine con Cristo, y pídele que te ayude. Ni siquiera necesitas preocuparte por qué decir, ¡solo léele este último párrafo!

Si perteneces al Pastor, si has nacido de nuevo en Cristo, anota en la página siguiente cómo y cuándo sucedió. Y luego dale las gracias porque ahora le perteneces.

El Señor se convirtió en mi Pastor en o cuando …

Gracias, Señor, por convertirte en mi Pastor y …

Bien, ahora vuelvo a explicar la relación entre la tetera y el versículo de hoy. La razón por la que estoy sirviendo té de esta tetera es porque ha sido restaurada. De hecho, la pieza que les comente anteriormente fue rescatada y restaurada gracias a la habilidad de mi madre, quien vio más allá de la suciedad que ocultaba la belleza de la tetera.

Mi madre la encontró en una tienda de segunda mano: deslustrada, polvorienta y negra por años de abandono. Pero mi madre vio a través de la suciedad. Mi madre sabía lo que valía. Así que la compró y utilizó una vasija entera de abrillantador de plata para sacarle brillo. Mi mamá, probablemente, tuvo tendinitis en el proceso de limpiar toda la mugre. Pero el resultado es ¡Guau!. Mi madre restauró la tetera; le devolvió su brillo original.

Pero primero tenía que rescatarla.

Dios también nos rescató. Lee Efesios 2:12-13 y contesta lo siguiente:

Mi condición antes de que Dios me rescatara (Entreteje Efesios 2:12 en tu respuesta):
Yo estaba …

Mi condición después de que Dios me rescató (Entreteje Efesios 2:13 en tu respuesta):
Soy…

Antes de que nuestro Pastor nos rescatara y nos trajera a Él, estábamos separados de Él, alejados, ajenos y sin esperanza. Un panorama desolador, ¿verdad? Pero después de que

Él nos atrajo y nos compró con Su preciosa sangre, se convirtió en nuestra paz. Somos Suyas por la sangre de Cristo.

Así que cuando David dice que su Pastor restaura su alma, está hablando de rescate.

Nuestro Pastor rescató nuestras almas del pecado. Él restaura nuestras almas cuando nos descarriamos.

Cuando nuestro Pastor restaura nuestras almas, nos está sacando de nuestra ignorancia, errores y extravíos.

En tu concordancia o en tu recurso de estudio en línea favorito busca las palabras *confortar o restaurar*. Anote los versículos que encuentres y lo que dice cada versículo. Te he dado algunos puntos de partida para que te dirijas en la dirección correcta.

PASAJES BÍBLICOS	NOTAS SOBRE *CONFORTAR O RESTAURAR*
Deuteronomio 30:1-3	
Salmo 80:3	
Jeremías 30:17	
Jeremías 33:7	
Gálatas 6:1	

Utiliza los versículos de la lista para elaborar una definición bíblica de *restaurar*. Piensa en lo que se necesita para ser restaurado. Piensa en lo que Dios hará.

Mi definición bíblica de *restaurar*:

En el original hebreo, *restaurar* en el Salmo 23:3 significa *traer de vuelta o retornar*.[1]

Nadie restaura plata o muebles si no tienen valor. Nadie desperdicia la energía o el trabajo para restaurar algo que no tiene potencial. ¿Qué dice eso de la razón por la que Dios decide restaurarte?

¿Crees que eres tan valioso para tu Pastor? Creo que esta pregunta requiere una revisión de las Escrituras.

Lee el Salmo 119:176 y Mateo 18:12-13. ¿Qué tienen en común ambos pasajes?

¿Qué dicen de tu valor para el pastor?

Cada oveja es importante para el Pastor.

Él festeja a lo grande cuando una de nosotras es restaurada. El Pastor busca a las descarriadas para atraerlas a Él y unirlas al rebaño.

¡Esa eres tú, hermana! Esa soy yo. Somos así de valiosos para Dios. Asombroso, ¿no?

> Deja el bolígrafo un momento y lee el Salmo 103:13-14. Describe cómo te responde tu Pastor cuando lo echas a perder, te extravías y necesitas ser restaurada una vez más. Completa los espacios siguientes para centrar tus pensamientos.
>
> Dios me muestra ...
>
>
>
> Dios sabe que soy ...

Esta es la pregunta. ¿Admites y aceptas que Dios conoce tu debilidad, que sabe que eres tan fuerte y robusta como el polvo? ¿Aceptas la compasión que Dios te muestra?

Hermana, somos ovejas. Está bien ser una oveja. Honramos y amamos a nuestro Pastor recibiendo Su compasión y restauración. Antes de seguir adelante, pasa algún tiempo con tu Pastor. Dale las gracias. Disfruta de Su compañía. Recibe lo que necesitas de Él ahora mismo.

Oh Señor, mi Pastor,

Amén.

Nuestro Pastor nos muestra compasión porque sabe que somos criaturas débiles y frágiles. Y no solo nos trae de vuelta de nuestros extravíos, sino que nos devuelve lo que nuestros extravíos nos han quitado.

Este es el problema, hermana. Cuando nos alejamos de nuestro Pastor, en quien nada nos falta, nos faltarán muchas cosas. Emocionalmente, podemos empezar a desmoronarnos. Mentalmente, podemos ser engañadas. Nuestros espíritus pueden agotarse. En otras palabras, nuestras almas reciben un golpe.

Por eso Dios restaura tu alma. Él restaura toda tu persona.

MI ALMA

¿Qué es exactamente el alma? ¿Cómo la definiría usted?

La palabra hebrea para alma es *nephesh* y puede traducirse como *alma*, *vida*, *corazón* o *mente*.[2]

Encontraremos esta palabra en otros pasajes de la Escritura, incluido Génesis 2:7. Lee el versículo y describe lo que ocurrió cuando Dios sopló en el hombre que formó del polvo. ¿En qué se convirtió el hombre?

Dependiendo de la versión de la Biblia que estés usando, puedes encontrar que se convirtió en una criatura viviente, un ser viviente o un alma viviente.

Nephesh es tu aliento divino, tu esencia, la parte de ti que sobrevivirá a tu cuerpo. Es el núcleo que te hace ser tú: ¡tu mente, tu corazón, tu voluntad y tu espíritu! Es el tú que tu Pastor restaura.

¿Cómo está tu *nephesh*? Apuesto a que hace tiempo que nadie te lo pregunta. ¿Necesitas restaurar tu nephesh? Pasa algún tiempo con tu Pastor y ora y/o escribe en tu diario lo siguiente:

¿Qué lugares rotos de mi corazón necesitan ser restaurados?

¿Qué emociones han sido golpeadas y necesitan ser restauradas?

¿Qué pensamientos erróneos necesitan volver a la verdad de la Palabra?

¿Qué desviaciones de mi voluntad necesitan un cambio de rumbo de 180°?

¿Qué lugares espiritualmente vacíos necesitan llenarse de nuevo?

Cuando Dios restaura nuestras almas, nuestras almas están bien.

Aclaremos algo importante sobre este versículo. ¿Dice que *tú* restauras tu alma o que *Dios* restaura tu alma?

¡Bingo! ¡No depende de nosotras, hermana! Todo depende del Pastor.

Igual que mi tetera no pudo rescatarse a sí misma, tampoco puede restaurarse. A medida que se empaña, no se limpia a sí misma. Yo lo hago por ella.

Del mismo modo que una oveja no puede comprar su entrada en un rebaño, tampoco puede encontrar el camino de vuelta al rebaño cuando se aleja. El pastor es quien compra las ovejas y el pastor es quien las trae de vuelta.

Así como Dios rescató tu alma, Él es quien la restaura, una y otra vez, cada vez que lo necesitas.

Dios hace el trabajo de restauración y así es como lo hace.

> Lee Salmo 19:7 y Efesios 5:26. ¿Cómo hace Dios eso por ti?

Lo que estás haciendo ahora mismo al pasar tiempo en la Palabra de Dios-la Ley del Señor, Sus preceptos-es parte de la constante limpieza y restauración de tu alma.

Es por eso que permanecemos en Su Palabra durante el diario caminar de nuestras vidas. Estar en Su Palabra no mantendrá toda la suciedad y los golpes de este mundo lejos de ti, pero sí evitará que toda la suciedad y los golpes de este mundo empañen tu belleza y debiliten tu estabilidad. Su Palabra viva y activa te restaurará cada día.

Me parece que el Salmo 23:2 y la primera parte del versículo 3 pueden leerse como un hermoso pensamiento de causa y efecto: «En lugares de verdes pastos me hace descansar; junto a aguas de reposo me conduce; restaura mi alma»(NBLA). Es decir, el resultado de obedecer, seguir, descansar y recibir es la restauración del alma.

Ah, qué hermosa manera de vivir.

Creo que ya es hora de terminar. Pero antes de irnos, quiero compartir contigo cómo medito sobre lo que estoy aprendiendo del Señor. Espero que esto te sea útil mientras continuamos aprendiendo juntas a través de nuestro estudio del Salmo 23.

He aquí cinco «R» para que las contemples mientras transcurre el resto de tu día. Escríbelas en una nota adhesiva y úsalas para examinar tu corazón y seguir aprendiendo esta verdad sobre la restauración:

1. REVISIÓN—¿Está bien mi alma? ¿Mi mente, voluntad, emociones y espíritu están sanos y en paz? ¿Necesito ser restaurada?

2. RECTIFICAR—¿Estoy hiriendo mi propia alma con mis propias decisiones? ¿Me he alejado voluntariamente de mi Pastor y de mi identidad en Él? ¿Necesito cambiar mi actitud o mis acciones?

3. REGRESO—¿Estoy lista para ser traída de vuelta para que mi alma vuelva a estar bien?

4. RESTAURAR—¿Necesito y quiero que mi Pastor restaure mi alma?

5. RECIBIR—¿Estoy dispuesta a recibir humildemente todo lo que mi Pastor quiere darme?

Muy bien, hermana. ¡Hasta mañana!

DÍA 2

Hola a todas. Me pregunto dónde estás estudiando el Salmo 23 hoy. En realidad estoy sentada en la terraza porque es hermoso estar afuera. La brisa es fresca y el sol es cálido. He estado reflexionando sobre este versículo y orando a través de él. Así que pensé que podríamos hacerlo juntas al comenzar. Ayer, hablamos de cómo nuestro Pastor conforta nuestras almas. Hoy exploraremos cómo nos guía.

Tómate un momento y lee lentamente cada palabra de esta frase del versículo. Repite en voz alta y medita sobre cada palabra, de una en una. Tal vez quieras anotar tus pensamientos en un diario. Y, hermana, no te apresures. Dedique tiempo a meditar en la Palabra de Dios. Deje que conforte y refresque tu alma.

... ME GUIARÁ POR SENDAS DE JUSTICIA ...
SALMO 23:3

Mientras meditas sobre el versículo, considera estas preguntas:

ÉL—¿Quién es Él? ¿Quién es Él para ti?

ÉL GUÍA—¿Qué significa guiar? ¿Por qué está Él capacitado para guiarte? ¿Dónde te ha guiado en el pasado?

ÉL ME GUÍA—¿Has notado otra frase «Él y yo» aquí? ¿Qué imágenes te vienen a la mente cuando piensas en un guía individual? ¿Qué dice eso de tu Pastor y de Su relación contigo?

EN LA SENDA—¿Para qué sirve una senda? ¿Qué es una senda? ¿En qué senda estás? ¿Cómo te ha guiado Dios?

DE JUSTICIA—¿Qué significa la justicia? ¿Qué hace que una senda sea justa?

Espero que estas indicaciones te den una idea de cómo extraer cada palabra de un versículo y examinarla como una piedra preciosa. (Veremos *por amor de Su nombre* más adelante).

Ahora vuelve a juntar todas las palabras como una maestra joyera colocaría cada bello diamante en un impresionante racimo: cada piedra preciosa realza la belleza de las demás. Vuelve a mirar la frase mientras brilla con tanta belleza. Ahora cambia el pronombre de *Él* a *Tú*, y personaliza esta frase en una oración a tu Pastor. Aprovecha tu tiempo de meditación para seguir personalizando el versículo en una oración.

Querido Señor,

_____ *restaura mi alma* _____ *guíame por sendas de justicia por* _____ *amor de tu nombre.*

Amén.

Cuando personalizas ese versículo, es como pasar de observar un precioso anillo de diamantes en racimo a recibirlo como regalo y ponértelo en el dedo. Oh amiga, se ve bien en ti.

Ahora, después de meditar y orar toda esa frase, vamos a estudiarla juntas.

Claramente sabes que *Él* es Dios, nuestro Pastor. Así que mira lo que Él hace. Él guía. Busca la palabra guía en tu concordancia o en tu recurso online favorito. Encuentra pasajes bíblicos que describen la guía de Dios. (Amplía tu búsqueda buscando otras frases que expresen el concepto de guía, *como mostrar el camino* o *guiar*).

Junto a cada versículo que encuentres, describe cómo Dios te guía, dónde te guía o qué ocurre sin Su guía. Utiliza frases con «yo».

PASAJES BÍBLICOS	CÓMO ME GUÍA DIOS
Salmo 5:8	
Salmo 25:4-5,9	
Salmo 31:3	
Salmo 86:11	
Proverbios 11:14	

Basándome en los pasajes bíblicos que encontré, es bastante obvio que necesito orientación. Sin ella puedo desviarme o tropezar. Y afortunadamente, Dios está tan dispuesto a enseñarme el camino e instruirme hacia dónde debo ir. Hagamos esto práctico.

Cierra los ojos.

Bueno. Supongo que no puedes cerrar los ojos y seguir leyendo. Yo si puedo porque mi ordenador habla. ¡Ja, ja, ja! Así que después de leer esto, cierra los ojos. Cuando lo hagas, presta atención a lo que ves o no ves. Imagina que tuvieras que caminar desde donde estás hasta tu nevera con los ojos cerrados. ¿Cómo te sentirías? Si eres valiente, inténtalo. Te espero.

Probablemente no fue fácil, ¿verdad? Y puede que haya sido peligroso o cómico. La verdad es que, cuando no puedes ver, la vida es mucho más fácil si tienes un guía, alguien que te guíe, te muestre el camino y te enseñe dónde pisar para que llegues al lugar correcto.

Por eso tu Pastor te guía, para que termines por el buen camino.

Como soy ciega, necesito un guía, alguien en quien pueda confiar y a quien pueda aferrarme para llegar al lugar correcto. Puede que tu visión sea 20/20 (o casi), pero también necesitas un guía. Tienes que hacer lo mismo que yo: confiar en tu Pastor y aferrarte a Él para encontrar y seguir el camino correcto.

¿Confías en Él? ¿Estás dispuesto a seguirle? ¿Incluso cuando el camino se vuelve accidentado, difícil o confuso?

Seamos sinceras. Mientras escribo estas preguntas, todo dentro de mí dice ¡Sí! Y ese es realmente el deseo y la intención de mi corazón. Pero, no quiero conformarme solo con el deseo y la buena intención. Quiero la libertad y el poder que viene de confiar realmente en Él y vivir como tal. Para responder honestamente, si confío en Él, tengo que preguntar sin rodeos: *¿A quién sigo? ¿Qué me guía?*

A quién o qué sigo es en quién o en qué confío más. No es lo que digo, es lo que hago lo que demuestra en quién o en qué confío.

Así que examiné mi corazón e hice dos listas de todas las cosas que podría seguir, lo que posiblemente me guía. Luego creé otra lista para considerar qué guía me parece más digna de confianza.

Haz una pausa y pídele al Espíritu de Dios que te guíe hacia la verdad ahora mismo. Encierra en un círculo lo que se aplica para ti o añade tus propios elementos a las listas.

¿QUÉ ME GUÍA?	¿EN QUÉ CONFÍO MÁS?
Mis Emociones	Mis Emociones
Mi Historia	Mi Historia
Mis hábitos	Mis hábitos
Mi Personalidad	Mi Personalidad
Mi voluntad	Mi voluntad
Mi experiencia	Mi experiencia
Mi Desorden	Mi Desorden
Mi dinámica familiar	Mi dinámica familiar
Mi opinión	Mi opinión
Mi Pastor	Mi Pastor
La gracia de Dios	La gracia de Dios
La Palabra de Dios	La Palabra de Dios
El Espíritu de Dios	El Espíritu de Dios
Otro:	Otro:

Puede que hayas marcado muchas cosas, no te preocupes. Muchas de las cosas que he enumerado son buenas guías: mi pastor, mis opiniones, mi experiencia, etcétera. Todas ellas tienen mérito. Pero ninguna es digna de ser mi única y última guía. Si solo sigo mi opinión, podría equivocarme. Si confío exclusivamente en mi experiencia, podría estar incompleta. Si sigo ciegamente a mi pastor, podría equivocarse accidentalmente porque es humano. Ya te haces una idea.

Fíjate en lo que has marcado con un círculo y tómate un tiempo para orar sobre ello.

Señor, por favor, sé nuestra guía. Queremos confiar en Ti más que en nuestras experiencias, sentimientos, hábitos, o cualquier otra cosa en nuestras vidas. Es a Ti, a Tu Palabra y a Tu Espíritu a quien queremos seguir. Gracias por guiarnos, Señor. Amén.

Bueno, estoy siendo realista y espero que tú también.

> Si realmente confiamos en el Señor, Él será nuestro guía definitivo en todas las cosas, ¿verdad?

> ¿Cómo ocurre eso en el mundo real?

> Usted conoce la respuesta. La forma en que Él nos guía es la misma forma en que Él restaura nuestras almas. ¿Recuerdas cómo?

> Echa un vistazo a los siguientes versículos para confirmar la forma en que Dios nos guía y anota cómo cada versículo muestra lo práctico que es Su guía.

> Salmo 119:24: La Palabra de Dios es mi . . .

> Salmo 119:105: La Palabra de Dios es mi . . .

Salmo 119:130-La Palabra de Dios es mi ...

Amiga, así como la voz del pastor guía a las ovejas, la voz de nuestro Pastor, a través de Su Palabra, nos guía.

Somos como ovejas, ¡y las ovejas no tienen GPS! Necesitan un guía y nosotras también. La Palabra de Dios es nuestra guía. Dirige nuestros pasos. Ilumina nuestro camino. Nos hace sabios y nos da perspectiva. Cuando confiamos en nuestro Pastor para que nos guíe, confiamos en Su Palabra para que sea nuestro GPS.

Bueno, hermana, mi corazón está lleno, y todavía tengo mucho que pensar y orar. Terminemos por hoy y volvamos a vernos mañana. Terminaremos con este pasaje parafreseado. Eugene Peterson parafraseó el comienzo del Salmo 119 así:

Eres bendecido cuando mantienes el rumbo,
caminando firmemente por el camino revelado por Dios.
Eres bendecido cuando sigues sus indicaciones,
haciendo todo lo posible por encontrarle.
Así es: no te vayas por tu cuenta;
camina recto por el camino que Él te marcó.
Tú, Dios, prescribiste la manera correcta de vivir;
ahora esperas que nosotros la vivamos.
Oh, que mis pasos sean firmes,
manteniendo el rumbo que tú marcaste;
Entonces nunca tendría remordimientos
al comparar mi vida con tu consejo.
Te agradezco que hables directamente desde tu corazón;
aprendo la pauta de tus rectos caminos.
Voy a hacer lo que me digas;
nunca te vayas y me abandones.
SALMO 119:1-8, THE MESSAGE (TRADUCCIÓN)

Y a eso digo: ¡Gracias, Señor!

DÍA 3

Él conforta. Él guía. De eso hemos hablado hasta ahora esta semana. Ahora, ¿cómo sabemos que estamos en la senda correcta? Bueno, sírvete café, té o una botella de agua y vamos a averiguarlo.

SENDAS DE JUSTICIA

Nuestro Pastor nos guía por sendas de justicia. Como cualquier buen pastor, nuestro Pastor no nos conduce, Él nos guía.

El verbo hebreo usado en este versículo para *guiar* está en la forma «hifil», que enfatiza la acción causativa.[3] En otras palabras, usted podría expresarlo como, «Él hace que yo sea guiada por sendas de justicia... » Su Pastor es el que «hace» que usted sea guiada por sendas de justicia. ¡Qué alivio! No eres tú sola. No es tu propio pensamiento y voluntad independientes. La gracia de Dios te pone en la senda y Su gracia te mantiene en ella.

Tu Pastor hace que seas guiada por las sendas que Él escoge para ti. Ahora, sé que esto puede resultar confuso porque yo estaba un poco confundida mientras estudiaba este tema. Así que piénsalo de esta manera: Phil y yo compramos nuestra dulce perrita, Lucy, en 2010. Es una perrita diva y divertida cuyo aseo cuesta más que el mío. Cuando paseamos, yo la guío. Hago que se deje guiar por mí. ¿Cómo hago cuando es una criatura independiente con una voluntad fuerte? Le pongo una correa elegante para que estemos conectadas. De este modo, se asegura de ir por el buen camino. Puede que conozca el camino, pero sin la correa, puede que siga o no el camino correcto, todo depende de los nuevos olores perrunos que haya por el camino y que puedan distraerla. Sin embargo, está garantizado que sigue el camino correcto cuando está conectada a mí. Ella está tan acostumbrada a la correa que ella ya no la nota y yo tampoco. Realmente, el único momento en el que cualquiera de nosotras nota la correa es cuando ella desobedece, se distrae o ignora mis órdenes. Yo hago uso de la correa para guiarla y ella me sigue.

¡Ahora, en caso de que pienses que las estoy comparando con mi perrita diva Lucy (tal vez eso es un paso por encima de las ovejas) - bueno, supongo que sí! (¡Lucy es tan tierna y tú también!).

Cuando pertenecemos a nuestro Pastor, estamos conectados a Él. Él nos ha atraído con «cuerdas de amor » (Os. 11:4, LBLA), y amorosamente se mantiene un paso por delante de nosotras para mantenernos en el camino correcto. Él hace que seamos guiadas por Él.

Amiga, no tenemos que conocer la senda; solo necesitamos conocer al Pastor. Cuando nos mantenemos conectadas a Él, cuando confiamos y seguimos, somos guiadas por la mejor senda que hay para nosotras, la senda correcta.

Así que busquemos pasajes bíblicos que afirmen cómo Él hace que seamos guiadas por sendas correctas.

Utilice los iniciadores de los pasajes bíblicos que aparecen a continuación y busque otros versículos con la palabra *senda* o *camino*. Completa la frase en la segunda columna. Encontrarás un ejemplo.

PASAJES BÍBLICOS	ÉL HACE QUE ME GUÍE POR ...
Salmo 16:11	Revelándome el camino de la vida.
Salmo 32:8	
Proverbios 2:8	
Proverbios 3:5-6	
Isaías 30:21	

¿Te has dado cuenta de las diferentes maneras en que Dios nos guía? La guía de tu Pastor nunca es forzada. Él no hace que seas guiada tirando y empujando, empujándote y arrastrándote. ¿No es interesante cuántos versículos muestran que Él hace que seas guiada por Su voz?

En Tierra Santa, los pastores suelen guiar a las ovejas con la voz. A menudo, un pastor canta y sus ovejas reconocen su voz. No es raro que varios pastores y sus rebaños se encuentren al mismo tiempo en una fuente de agua. A menudo, los rebaños se mezclan. Beben, se acuestan y descansan mientras los pastores se ponen al día de los últimos «cotilleos pastoriles».

Cuando un pastor ha terminado de ponerse al día y está listo para salir, llama a sus ovejas o se pone a cantar. Sus ovejas se separan instintivamente de los demás rebaños. Se levantan rápidamente, dejan atrás a los rebaños que dormitan y caminan hacia su pastor porque reconocen su voz. Me han dicho que es asombroso verlo.

> Si quieres ver un video de ovejas que siguen la voz de su pastor, busca en YouTube «ovejas que obedecen la voz de su pastor». Encontrarás videos reales de ovejas que responden a la voz de su pastor.

Tu Pastor siempre te llama a ti y por ti. Él te guía con Su voz.

¿Oyes Su voz a través de Su Palabra y Su Espíritu? Cuando lo haces, puedes tener una de dos respuestas.

Escribe la respuesta que indica cada versículo:

1. Juan 10:27

_____

2. Hebreos 3:15

_____

Una oveja puede oír la voz de su pastor y seguirle. O puede quedarse ahí, acostada con las demás ovejas, clavar sus pezuñitas en el pasto y endurecer su corazón. ¿Qué te describe mejor?

Oh amiga, las ovejas de corazón duro se lo pierden. Si estoy caminando con Lucy y se pone obstinada o distraída, hay tensión. Yo la siento. Ella la siente. Y no se siente bien. Si escuchamos y seguimos, estaremos en la senda-el camino correcto. Si endurecemos nuestros corazones cuando escuchamos Su voz, no sentiremos nada más que tensión. Su voz siempre nos lleva a la rectitud.

Busca una definición de *justicia* en el diccionario y escríbela a continuación.

Lo más probable es que hayas encontrado una definición que dice algo así como «normas morales aceptadas» o «comportamiento justo». La palabra hebrea original para *justicia* utilizada en el Salmo 23 también puede traducirse como «rectitud» o «correcto». A menudo se usa para describir pesos y balanzas justos: precisos, exactos, no injustamente pesados, correctos.[4]

Pero así es como me gusta pensar en la justicia: En los años 70, los adolescentes teñidos de corbata empezaron a decir: «Bien hecho». Y me he dado cuenta de que esos hippies envejecidos siguen diciéndolo. (Puede que yo sea o no uno de ellos que utilizaba esa frase mientras *Sonny and Cher o Cat Stevens* sonaban a todo volumen en mi radio). Me encanta porque significa: *exactamente correcto, de acuerdo.*

En muchas maneras, una senda de justicia es un tipo de caminar correcto. Es decir, es correcto de acuerdo con la Palabra de Dios. No es tambaleante, desviado, aguado o raro. Es simplemente correcto. Genial, ¿no?

John Piper dijo: «Un camino de justicia es un camino correcto, seguido con la actitud correcta».[5] Si tú estás siguiendo a tu Pastor mientras te guía por el camino correcto, ¿estás en Él con la actitud correcta?

¡Alerta de honestidad! ¡Alerta de honestidad! Debo interrumpir tu estudio bíblico programado regularmente para contarles lo que acaba de suceder. Estoy sentada en la terraza disfrutando un hermoso y tranquilo lago. Es como si Dios me hubiera guiado junto a las aguas de reposo-literalmente. Estoy recostada en una mecedora de mimbre, envuelta en una manta, con mi ordenador en el regazo, reflexionando sobre nuestras sendas de justicia. Hay paz. Aquí estamos mi Pastor, tú y yo. Estoy orando, estudiando y escribiendo sobre nuestras sendas de justicia. Oigo las cigarras y de vez en cuando, el chapoteo del lago.

Y, entonces, no oigo nada excepto *¡ROAR! ¡VAROOOOOOOOOOOM! ¡RUIDO REVOLUCIONANTE!*

El motor más ruidoso y detestable que he oído en toda mi vida. Suena como si la convención del millón de hombres Harley-Davidson® se acabara de reunir en el muelle de barcos que tengo delante. En serio, el motor de la embarcación infractora debe estar a todo gas. Es tan fuerte que mi cubierta vibra.

Escribo en un ordenador que me habla y no oigo ni una palabra. Así que quito los dedos del teclado y muevo la mano con altivez, señalando ese ruido y regañando en voz alta: «¡Qué pasa! ¿Crees que eres el único en este lago?». Sí, estoy gritando de una manera muy poco cristiana, a la ruidosa embarcación que no puede oírme mientras escribo un estudio bíblico. (Y afortunadamente, nadie más podía verme. Si es así, ahí va el testimonio.) Amiga, me alejé rápidamente de esas aguas de reposo. Tropecé en esa senda de justicia.

Además, acababa de escribir esa pregunta: «¿Estás en el camino correcto con la actitud correcta?».

¡BAM! ¡Hermana, no puedo salirme con la mía! ¡Ja, ja, ja!

¿Estoy donde se supone que debo estar? Sí. ¿Estoy en la senda por la cual Dios me guió? Sí. ¿Estoy en la senda correcta con la actitud correcta? Claramente, no.

La cuestión es que puedo equivocarme incluso en la senda correcta. Por eso, necesito que la Palabra y el Espíritu de Dios me guíen constantemente y mantengan mi alma confortada. Tengo la sensación de que no soy la única. Sonríe.

Ahora, volvamos a nuestro estudio bíblico programado. Podemos tener actitudes y acciones equivocadas en nuestras sendas rectas. Pero esas sendas también pueden sentirse equivocadas a veces, porque pueden estar llenas de baches y dificultades. A veces el pastor tiene que guiar a sus ovejas a través de lugares estrechos y terrenos ásperos para llevarlas a donde los pastos son mejores. Las sendas rectas pueden no sentirse siempre correctas, pero donde el Pastor te lleva siempre lo es.

Amiga, no controlamos la senda. Lo único que controlamos es nuestra actitud y nuestras acciones. Así que si tu senda es un poco difícil, en lugar de cuestionar, confía en el Guía.

Cuando Phil y yo hacemos viajes largos (no, yo no conduzco), a menudo él utiliza las señales de tráfico de la autopista para darle ese empujón que necesita cuando está cansado de un camino tan largo. Son esas señales las que le recuerdan que está en el lugar correcto, yendo en la dirección correcta. Y le animan a seguir adelante. Nosotras también necesitamos esas señales, hermana.

> En el camino de abajo, escriba algunas señales de sendas: pasajes bíblicos que le animen a seguir a su Pastor y a perseverar caminando por esa senda de justicia. Aquí hay algunos versículos que puedes empezar a usar: Hechos 20:24, Romanos 8:28, Filipenses 2:13; 3:14.

Una última reflexión antes de irnos.

¿Has asistido alguna vez a una clase de matemáticas en la que el profesor ha dibujado en la pizarra una ecuación magníficamente complicada? Si eres como yo, estabas sentada en clase, temblando de miedo, esperando y orando para que el profesor no te pidiera que resolvieras la ecuación. A medida que el profesor demostraba cada paso para resolver la ecuación, te sentías aturdida y confusa, sin tener ni idea de lo que estaba pasando en la pizarra. Pero, al final, se dibujaba el signo igual, le seguía la respuesta y para tu sorpresa, era correcta. Era exactamente correcta. No tenías ni idea de por qué había salido bien, solo sabías que era correcto.

Tu senda puede parecer, a veces, como ese problema matemático. Puede que no entiendas todos los giros y vueltas, pero si estás siguiendo al Pastor, puedes confiar en que incluso las partes que no tienen sentido son correctas y te llevarán a la rectitud. Así que no te desanimes si tu camino es confuso. Así como el maestro sostenía la tiza y resolvía la ecuación, Dios sostiene tu corazón, tu vida y el mundo. Él está obrando en todo.

Permanece en Su Palabra, y permanecerás en Su voluntad.

Es así de simple, así de profundo.

> Pero la senda de los justos es como la luz de la aurora, que
> va en aumento en resplandor hasta que es pleno día.
> **PROVERBIOS 4:18, NBLA**

¡Gracias, Señor!

DÍA 4

Bueno, aquí estamos al final de este versículo. ¡Es tan enriquecedor, estoy aprendiendo mucho!. Lee el Salmo 23:3 otra vez, y pídele al Señor, tu Pastor, que te guíe hoy a la verdad.

La senda de justicia a la, y por la cual la Palabra de Dios nos guía tiene un propósito. Y lo creas o no, el propósito final no tiene nada que ver con nosotros, nuestras preferencias ni nuestros placeres.

> ¿Qué dicen las cuatro últimas palabras del versículo 3 sobre el propósito de esa senda de justicia?

POR AMOR DE SU NOMBRE

Amiga, la senda a la que Dios nos guía y por la que nos conduce está llena de promesas y posibilidades. Pero la senda no se elige por mi bien ni por el tuyo, sino por el bien de Dios y por amor de Su nombre.

> ¿Qué crees que significa eso?

Cuanto más lees las Escrituras, mejor comprendes que Dios se toma Su nombre muy en serio.

Utiliza tu concordancia o tu recurso online favorito y busca algunos versículos que muestren cómo se siente Dios con respecto a Su nombre. (Puedes usar *mi nombre* o *el nombre* para ayudarte a localizarlos en tu búsqueda).

Lee cada versículo como una oración de afirmación al Señor. Detente un poco en cada versículo y adquiere un sentido renovado de la grandeza y la singularidad de Dios. Te he provisto algunos versículos y un espacio debajo para que expreses una oración de adoración a Dios.

Éxodo 20:3-5 • Isaías 42:8 • Malaquías 1:11 • Filipenses 2:9

Amén.

El nombre de Dios representa Su carácter. Dios siempre actúa de acuerdo con Su carácter y, en última instancia, por amor a Su nombre.

Incluso los pastores humanos guían a sus ovejas por «amor a su nombre». Eligen las sendas para sus ovejas con el fin de proteger su propia reputación como buenos pastores. La senda que elige un pastor refleja el carácter del pastor: su dirección de las ovejas, su integridad, su compasión y su capacidad. La condición de las ovejas es un reflejo del pastor.

El honor de Dios está en juego en la forma en que Él está conduciendo tu vida. Por eso, lo que Él está haciendo por ti y en ti es, en última instancia, por amor a Su nombre.

Confirmemos ese pensamiento a través de las Escrituras. Busca en una concordancia o recurso en línea para encontrar ejemplos de lo que Dios hace por amor de Su nombre. Añade los versículos que encuentres a la lista.

PASAJES BÍBLICOS	LO QUE DIOS HACE POR AMOR DE SU NOMBRE
Salmo 25:11	
Isaías 48:9	
Jeremías 14:7	
Ezequiel 20:9	

Cuando los salmistas y los profetas apelaban a Dios para que actuara por amor de Su nombre, suplicaban a Dios que actuara según Su carácter, no según lo que merecían.

Dios nos perdona por amor de Su nombre. Él retrasa la ira por amor de Su nombre. Él nos guía por amor de Su nombre. Dios lo explicó a través de Ezequiel cuando dijo:

> … No es por ustedes, sino por causa de mi santo nombre…
> **EZEQUIEL 36:22, NIV**

Aquí está la cosa, hermana, todos tendemos a vivir nuestras historias de vida como si nosotras fuéramos los personajes principales. Pero no lo somos. Dios es el personaje principal.

Dios nos perdona porque nos ama, sí. Nos restaura porque nos valora, sí. Pero en última instancia, no se trata de nosotras. Lo que Dios hace, lo hace por amor de Su nombre. Sus obras son para Su alabanza. El hermoso beneficio es que lo que le trae gloria a Él nos trae bien a nosotras.

> Al mirar atrás en tu camino, ¿puedes ver cómo Dios te ha guiado por amor de Su nombre? Si es así, ¿cómo? ¿Qué le ha dado gloria en tu senda?

> El nombre del Señor es santo y más alto que cualquier otro nombre. Así que, si Él te guía por sendas de justicia por amor de Su nombre, ¿qué sugiere eso sobre el propósito de tu senda y tu actitud en la senda?

Amiga mía, puede que estés en una senda que es dura y llena de baches. Aunque es la senda correcta, a veces te preguntas si está mal porque no es fácil. ¡Resiste! Si el Pastor te está guiando, puedes absolutamente saber y confiar que Dios te está guiando a través de esta temporada para Su gloria, y el resultado será tu bien.

> ¿Cómo te ayuda a dar el siguiente paso comprender esta verdad?

A medida que experimentamos cómo el Señor nos conforta diariamente, somos guiadas por Su Palabra y Su Espíritu por la senda que es mejor para nosotras y que le trae gloria a Él. ¿No te encanta? Tú, una humilde oveja, puedes traer gloria al Pastor simplemente confiando, siguiendo y obedeciendo.

No tienes que estar en un gran escenario hablando a miles de personas para glorificar a Dios. No tienes que estar en un campo misionero en la selva más profunda para traerle gloria. Claro, esas acciones y circunstancias de la vida pueden glorificarlo, pero la mejor manera de darle gloria a Dios es a través de tu humilde confianza y obediencia en un caminar diario con Él. Así que, hermana, mantente en Su Palabra para que vivas bajo Su voluntad.

Hemos tenido una buena semana, ¿verdad? Espero que te esté gustando el Salmo 23. Pero, sobre todo, espero que te estés enamorando más del Pastor del Salmo 23. ¡¿Notaste que este versículo realmente no se trata de nuestra senda, se trata de la alabanza de Dios-por amor de Su nombre!

Señor, te amamos. En Ti vivimos, nos movemos y existimos (Hch 17,28). Todo procede de Ti, por Ti y para Ti: a Ti sea la gloria por los siglos de los siglos (Rom. 11:36). Todo es por Tu nombre. Amén.

DÍA 5

DÍA DE LOS PASTOS DELICADOS:
UN DÍA PARA DESCANSAR Y DIGERIR

> Confortará mi alma; me guiará por sendas de
> justicia por amor de Su nombre.
> **SALMO 23:3**

Mientras aprovechas este día para hacer cualquier cosa que te ayude a digerir realmente lo que has aprendido esta semana, considera que el Salmo 23:3 nos ayuda a comprender un principio de alabanza: ==somos confortadas y guiadas por sendas de justicia para alabanza de nuestro Pastor.==

En tu Día de los Pastos Delicados, mientras descansas, oras, escribes en tu diario, dibujas, adoras o reflexionas, aquí tienes algunas cosas para tener en cuenta:

¿Cómo he experimentado la guía del Pastor esta semana?

¿Cómo veo a Dios realizando Su propósito en y a través de mi vida?

Pasajes bíblicos que quiero recordar de esta semana:

Citas que me han gustado de esta semana:

Medita sobre las verdades puedes escuchar las canciones en inglés que incluí en mi lista de reproducción del Salmo 23. (Encuéntrala en JenniferRothschild.com/Psalm23.)

Gracias, Señor, por confortar mi alma y guiarme por sendas de justicia por amor de Tu nombre.

SESIÓN DE GRUPO 4

ANTES DEL VIDEO

Bienvenida y oración

NOTAS DEL VIDEO

«Un camino de rectitud es un camino correcto seguido con la actitud _____ ».⁵
—John Piper

Todos recorremos sendas diferentes, pero todos tenemos el mismo destino:_____ _____.

Tres cosas que nuestras sendas tienen en común

1. Tenemos la misma rampa de entrada, que es _____.

   • El Salmo 23:3 se refiere a ser _____ a través de la gracia.

   • *Ser restaurados* significa literalmente «traernos_____».

   • Cada vez que nosotras _____, Él nos rescata.

   • Dios nos restaura a nuestra verdadera _____.

2. Nuestros caminos son para nuestro _____.

   • Podemos estar en la senda correcta y puede sentirse _____.

LAS SENDAS CORRECTAS PUEDEN PARECER EQUIVOCADAS PORQUE

   A. Estamos en el carril EXPRESS. La senda puede ser estresante y sentirse mal. Pero si Dios te puso en la senda, tiene _____.

   B. Estamos atorados en el tráfico. De repente podemos sentirnos _____ y cuestionamos nuestra senda.

   • Podemos sentir que nuestra senda es de repente _____.

C. Estamos solas. _____ la vida transcurre.

• Ten paciencia porque tu senda es para tu _____.

3. El destino es _____ _____.

• Todo lo que traiga gloria a Dios nos _____.

La condición de las ovejas es un reflejo del _____ del pastor.

Donde estás ahora puede _____ _____ pero eso no significa que «sea» _____.

GUÍA DE CONVERSACIÓN
Video 4

DÍA 1: ¿Perteneces al Pastor? Comparte tu historia de cómo llegaste a tu relación de fe con Cristo.
¿Cómo ha confortado Dios tu alma después de una situación o temporada de rebelión?

DÍA 2: ¿Cómo has experimentado la guía del Pastor en el pasado?
¿Qué cosas o personas te guían en lugar del Pastor? ¿Por qué recurrimos tan fácilmente a esas guías?
¿A qué situación te enfrentas actualmente en la que necesitas desesperadamente Su guía?

DÍA 3: ¿Hasta qué punto estás sintonizado con la voz del Pastor? ¿Qué te impide oírle con claridad?
¿Cuándo te has encontrado en la senda correcta pero con la actitud equivocada?
¿Cómo te ayuda el permanecer en la Palabra, a permanecer en Su voluntad? Comparte algunos ejemplos específicos.

DÍA 4: ¿Cómo te ha guiado Dios por amor de Su nombre? ¿Qué le ha dado gloria en tu camino?

DÍA 5: Comparta algunos de los momentos más destacados de su Día de los Pastos Delicados.
¿Cuál es la verdad más significativa que te llevas de esta semana de estudio?

Obten un resumen de esta enseñanza en video, solo tienes que ingresar el *código que vino con el estudio*.

SEMANA 4

TU PASTOR ESTÁ CONTIGO

Aunque ande en valle de sombra de muerte, no temeré mal alguno, porque Tú estarás conmigo; Tu vara y Tu cayado me infundirán aliento.

SALMO 23:4

#ESTUDIOSALMO23

DÍA 1

Hola a todas. Estamos en el Salmo 23:4 esta semana. Hasta ahora, el Salmo 23 se ha sentido como una canción de cuna espiritual, calmándonos, tranquilizándonos y ayudándonos a descansar y a estar tranquilas.

Pero ahora, la canción de cuna se desliza hacia una tonalidad menor durante unos compases. Es como si David redujera la velocidad y nos permitiera quedarnos en el valle. Ojalá no hubiera un valle de sombra de muerte en este salmo, en esta vida. Pero amiga, los valles, las sombras y la muerte son realidades que afrontamos, sentimos y tememos. Afortunadamente, se nos promete la presencia y el consuelo de nuestro Pastor a través de todo ello. Así que abramos Su Palabra y aprendamos a vivir esas verdades.

Tengo un poco de té caliente y he encendido mi vela de café-eso es como estar en yugo desigual (*Guiño*). Estoy lista para estudiar esto contigo. Así que acomódate, hermana, y quedémonos con nuestro Pastor.

Esta semana vamos a empezar por obtener algunas definiciones del diccionario de las palabras que nos ayuden a profundizar en la primera parte de este versículo. Escribe las definiciones a continuación.

Camina:

Valle:

Sombra:

Muerte:

Miedo:

Maldad:

Repasa las definiciones que has anotado. Considera cómo profundizar en el significado del versículo 4. Después, escribe una versión grande, larga y ampliada de la primera parte de este versículo, utilizando las definiciones de las palabras, en lugar de las palabras mismas. (Cuando termines, habrás escrito una de esas enormes frases tipo apóstol Pablo, largas como un párrafo).

He aquí un ejemplo: Aunque (camine) avance, vaya paso a paso, viaje a pie, navegue por un camino determinado, avance reflexivamente por el (valle) de larga depresión en la superficie de ...

OK, hermana, esa es toda la ayuda que te voy a dar. Espero que captes la idea. Inténtalo. Y recuerda, no hay una manera correcta de hacer esto.

Detente en el versículo ampliado que has escrito. Úsalo para alabar y agradecer a tu Pastor por Su presencia cuando la vida es oscura. Adorar y agradecer a Dios es una gran manera de abrir tu corazón y tu tiempo de estudio en Su Palabra. Sinceramente, este versículo es tan tierno y conmovedor que puede que descubras que te llama a escudriñar tu corazón y examinar tu relación con tu Pastor, incluso más que estudiar el propio versículo.

Ahora, al valle. ¡Todos a bordo!

EL VALLE

Cuando David escribió sobre los valles oscuros o el valle de sombra de muerte, lo hizo desde dos perspectivas únicas: dos fuentes de experiencia. ¿Cuáles crees que eran?

En primer lugar, David conocía la perspectiva del pastor. Había conducido ovejas a través de valles para llevarlas a pastos más verdes. Sabía lo tímidas que podían ser las ovejas cuando el valle estaba oscuro. Estaba familiarizado con el papel de protector (1 Sam. 17:34-35).

En segundo lugar, también sabía lo que se sentía ser una oveja, caminando por los valles oscuros de su propia vida. Sabía cuánto necesitaba que su Pastor lo guiara, lo consolara y lo ayudara a salir adelante. David comprendía ambas perspectivas. Esa es una de las razones por las que debemos prestar atención a lo que dice en este versículo. Sus palabras pueden ayudarnos a sentirnos animadas y seguras cuando nos enfrentamos a nuestros propios valles. Y todas tenemos valles oscuros que atravesar, ¿no es así?

"SOMBRA DE MUERTE"

Los traductores de la Biblia están de acuerdo en que la traducción más exacta de la frase «sombra de muerte» en hebreo es «valles más oscuros».[1] La palabra hebrea para esta frase es sal-ma-wet, que significa sombras oscuras u oscuridad.[2] Pero comparte la misma raíz hebrea para muerte (ma-wet), por lo que tiene todo el sentido que se tradujera como «la sombra de muerte».[3]

Existe el valle de la depresión y el valle del dolor. Está el valle del rechazo, el valle del divorcio y el valle de la enfermedad. Está el valle del estrés, el valle de la infertilidad y el valle de la nostalgia, por nombrar solo algunos. La cuestión es que los valles fomentan el miedo y la incertidumbre. No suelen ser lugares que queramos pisar solas. Y cuando se hacen largos, necesitamos consuelo.

Piensa en un valle por el que ya hayas caminado o en el que estés caminando ahora. Tenlo presente porque volveremos a referirnos a el, esta semana. Responde a las siguientes preguntas. (Y si eres una chica de varios valles, no pasa nada. ¡Escribe todos tus valles!).

Si actualmente estas caminando por un valle, ¿de qué tipo es?

¿Cuál es el valle más memorable que has atravesado en el pasado?

¿Qué emociones surgen en ti cuando caminas por tu valle?

¿Cuál es tu recuerdo más fuerte de un valle pasado?

Valles. Tú tienes valles; yo tengo valles; ¡todas las hijas de Dios tienen valles! Y los valles no son lugares divertidos, ¿verdad? Pero mira el versículo cuatro otra vez. (Pista: ¿Cuál es el verbo antes de sombras de muerte?).

¿Qué significa «andar en»?

David es específico al usar las palabras «ande en» porque esa frase denota movimiento y progreso. No nos detenemos en el valle, no compramos una casa y vivimos allí para siempre. Los valles son conductos. Tienen una entrada y una salida. Los valles tienen un principio. Los valles tienen un final. Son pasajes que te llevan de donde estás a donde vas. Con esta idea en mente, escribe en tu diario tus respuestas a las siguientes preguntas.

¿Qué significa andar por el valle en lugar de vivir en él?

¿Cuáles son las actitudes y acciones de una mujer que vive en su valle en lugar de andar por él?

¿Tus actitudes y acciones reflejan que estás andando o viviendo en tu valle? Explica.

¿Qué tipo de decisiones toma una mujer cuando comprende que su valle es un lugar de paso, no una residencia permanente?

¿Tus decisiones reflejan que estás usando tu valle como un lugar de paso o como residencia permanente? Explica.

> **VERSÍCULO DE VIDA**
>
> ¿Tienes un versículo de tu vida? Me encantaría escucharlo. Si estás en Twitter, comparte tu versículo de vida y etiquétame (@JennRothschild). Asegúrate de compartir cómo el versículo da forma a la perspectiva de tu vida

Hermana, los valles forman parte del viaje de la vida. E incluso cuando duran mucho tiempo, siguen siendo temporales. Permíteme compartir contigo mis versículos favoritos, los versículos de mi vida. Me dan tanta esperanza y perspectiva cuando se trata de mis propios valles.
Lee 2 Corintios 4:16-18.

¿Cómo describe el versículo 17 nuestras aflicciones o problemas, nuestros valles?

Momentáneo. Temporal. Es como si nuestros valles fueran notas adhesivas en la nevera. Parecen permanentes. Pueden pegarse y quedarse por mucho, mucho tiempo. Pero después de un tiempo, se caen. Nuestros valles pueden parecer que duran para siempre, pero eventualmente, terminarán.

Así es como me siento acerca de mi ceguera. Amiga, es un valle largo y oscuro, y algunos días todo va bien: camino por la fe, con una sonrisa en la cara, apoyándome en mi Pastor. Pero luego están los tropiezos, los baches en mi valle. A veces duran un día, a veces meses. Cuando llegan esos momentos bajos, traen consigo una claustrofobia emocional: la ceguera se apodera de mí. El aislamiento se siente tan confinado, pesado y oscuro. Pero, aunque mi ceguera es terminal (a menos que Dios decida curarme en la tierra) -lo que significa que permanece hasta el final-, sigue siendo temporal. Mantener la perspectiva de que estos problemas son momentáneos me ayuda a seguir apoyándome en mi Pastor y a confiar en Él. Pero, sinceramente, todavía tropiezo mucho.

Así que si tu valle es difícil, pídele a Dios que te dé gracia para ver tus valles a través de la lente de 2 Corintios 4:17—temporal, momentáneo, un parpadeo en el radar. Te ayudará a saber que incluso lo más doloroso no es permanente a la luz de la eternidad.

Amiga mía, no siempre podemos cambiar el valle en el que estamos, pero siempre podemos cambiar nuestras actitudes, acciones y decisiones en ese valle. Cuando caminamos a través de nuestros valles con nuestro Pastor, Él usa los valles para cambiarnos, hacernos crecer y llevarnos a un lugar nuevo y mejor.

Dios puede utilizar nuestros valles temporales para crear un bien eterno para y en nosotras.

Hazte las siguientes preguntas y anota tus respuestas. ¿Necesito cambiar mi actitud respecto a mi valle? Si es así, ¿cómo?

¿Qué acciones o decisiones diferentes podría hacer para cambiar mi experiencia en el valle?

¿Cómo quiero que sea mi vida al otro lado de este valle?

Ahora deja el bolígrafo y quédate con tu Pastor. Revisa tus respuestas. Pídele al Espíritu Santo que te guíe hacia la verdad, que te ayude a entender y a alinear tu comportamiento si lo necesitas.

David sabía que las ovejas lucharían contra el miedo a cada paso del camino mientras el pastor las guiaba por el oscuro valle. Pero las condujo de todos modos. A menudo, la única manera que tenía el pastor de llevar a las ovejas a nuevos y mejores pastos era a través de un valle oscuro. El pastor conducía a las ovejas a través de lo que temían para darles lo que anhelaban y necesitaban: un nutritivo pasto verde.

Hermana, no importa cuál sea tu valle, no es permanente. Tu valle tiene un propósito y está lleno de la presencia de Dios. Por eso no tememos. De hecho, hablaremos pronto del miedo. ¡Hasta mañana!

DÍA 2

NO TEMERÉ MAL ALGUNO

Fácil de decir, fácil de escribir, fácil de leer y fácil de llevarlo escrito en una camiseta. Pero cuando tu valle dura mucho y la oscuridad te rodea, ¡bam! tu miedo se vuelve real. Al menos esta mujer de aquí (yo) puede sentir miedo en el valle. A veces puedo sentir miedo simplemente anticipando y temiendo el valle que puede o no estar en mi futuro. Me ha llevado un tiempo admitir y comprender eso de mí misma.

La enfermedad de mi padre me ayudó a enfrentarme a mi miedo sobre el valle de su muerte. Soy una de esas mujeres bendecidas que tiene un padre digno de ser llamado mi héroe. Es una roca, mi roca. Pero cuando estuvo a punto de morir el año pasado, sentí miedo como nunca antes lo había sentido. Mi padre hizo mi mundo seguro y correcto. Y pensar que él no estaría más aquí hizo que el mundo entero se sintiera aterrador y equivocado. Estoy muy agradecida de que haya sobrevivido. Pero despertó un miedo en mí: el miedo a que llegue un momento en que no suceda. Y aunque sé que el cielo es real y que la gracia de Dios es suficiente, sigo luchando contra el miedo de «y si... empieza a susurrar». De hecho, eso es lo que estoy haciendo en este momento, incluso mientras escribo esto porque él, literalmente, acaba de ser hospitalizado de nuevo. Temo la pérdida. Temo el dolor. Temo el «y si...».

Sé que también tienes tus asuntos. Tienes un valle, o varios, que te susurran «y si... ». El miedo es una reacción natural a nuestros valles. Pero, hermana, la fe es una respuesta sobrenatural. Llegaremos hoy a esa respuesta cuando terminemos, pero primero tenemos que ser honestas acerca del miedo.

Algunas pensamos que no tenemos miedo. Sin embargo, el miedo aparece de maneras que no nos damos cuenta. Ser demasiado controladora es miedo disfrazado. La ira suele ser miedo disfrazado. Aislarse es miedo disfrazado. La ansiedad y la preocupación son miedos disfrazados. (Bueno, esas cosas no son realmente buenos disfraces).

Piensa en tu comportamiento en el valle. ¿Refleja miedo? Si es así, ¿cómo se revela el miedo? ¿Cómo está afectando tu confianza en el Pastor? Pídele al Espíritu Santo que te guíe hacia la verdad y te ayude a identificar la fuente de tu miedo. Dale libertad para que te ayude a caminar en la fe, no en el miedo. Apóyate en la Palabra de Dios cuando se trate del miedo.

Busca en tu recurso bíblico favorito pasajes bíblicos acerca de no tener miedo. Usa palabras y frases como *temor, miedo, no temer* y *no temas* en tu búsqueda. Añade tus versículos a la lista debajo. Junto a cada versículo, anota lo que dice acerca de no tener miedo.

PASAJES BÍBLICOS	LO QUE DICE SOBRE EL MIEDO
Josué 1:9	
Salmo 56:3-4	
Isaías 43:1	
2 Timoteo 1:7	

Ahora usa el ánimo y las promesas que encontraste en los versículos anteriores para crear tu declaración personal contra el miedo. Te he dejado un lugar en la página siguiente. O puedes usar la que yo creé para mí: ¡podemos compartirla! Después de pasar algún tiempo con tu Pastor reflexionando sobre tu declaración, discútela con una de tus compañeras del estudio bíblico. Lo más probable es que no seas la única oveja que se enfrenta al miedo.

TU DECLARACIÓN
NO AL MIEDO

Mi Pastor no me dio espíritu de temor (2 Tim. 1:7). Mi corazón no tiene por qué estar turbado ni temeroso porque mi Buen Pastor me da la paz (Juan 14:27). Su amor ahuyenta el miedo (1 Juan 4:18). Cuando mis pensamientos ansiosos crecen dentro de mí, el consuelo de mi Pastor, en cambio, me da alegría (Sal. 94:19). No necesito tener miedo porque pertenezco a mi Pastor (Isa. 43:1). Puedo dejar mis preocupaciones con Él porque Él cuida de mí (1 Ped. 5:7). No tengo por qué temer. Puedo tener fe (Marcos 5:36).

TU DECLARACIÓN «NO AL MIEDO»

Aclaremos una cosa aquí y ahora. Que sientas miedo no significa que no puedas tener fe al mismo tiempo. El miedo y la fe pueden compartir el mismo latido. Busca Marcos 9:21-24. Mientras lees acerca de un padre cuyo hijo necesitaba curación, medita en su respuesta a Jesús en el versículo 24. Si te encuentras en un valle y estás luchando contra el miedo, escribe Marcos 9:24 como tu oración para el valle.

Señor, yo creo. Ayuda mi incredulidad.

Hermana, lo entiendo. Sé que incluso cuando tenemos fe, es tan fácil sentir miedo cuando las sombras de la incertidumbre se espesan.

Pero aunque el miedo y la fe pueden compartir el mismo latido, no comparten la misma perspectiva. Por eso necesitamos la perspectiva de la fe cuando se trata de nuestros valles.

El miedo se centra en las sombras. La fe se centra en el Pastor.

El miedo solo ve la oscuridad del valle. La fe ve la luz del Pastor. Entonces, ¿cómo obtenemos la perspectiva de la fe? ¿Cómo vemos nuestros valles, nuestra vida misma, a través de los ojos de la fe?

Cuando acudí a las Escrituras con esta pregunta, encontré estas dos formas de obtener la perspectiva de la fe. Veámosla juntas.

1. ¿Cómo dice Romanos 10:17 que obtenemos la perspectiva de la fe?

Escuchamos Su Palabra. Leemos Su Palabra. La Palabra de Dios produce fe. Nuestras opiniones y especulaciones no producirán fe. En vez de eso, pueden fácilmente producir miedo. Así que amiga, si queremos tener la perspectiva de fe, tenemos que permanecer en Su Palabra. ¿Parece que no importa lo que estudiemos, nos lleva de regreso a esta verdad? Simplemente, ¡no hay sustituto para la Palabra de Dios!

2. ¿Cómo sugiere Lucas 17:5 que obtengamos la perspectiva de la fe?

Los apóstoles pidieron a Jesús que aumentara su fe y lo mismo podemos hacer nosotras. ¿Quieres más fe? Pídesela a Él. La fe es un don que Dios nos da. Cuando le pedimos más, Él nos da lo que necesitamos.

Hermana, incluso los valles más oscuros no lo son tanto cuando Dios está con nosotras. Él es luz (1 Juan 1:5) y Su Palabra es luz para nuestros caminos (Salmo 119:105). Así que pídele fe y permanece en Su Palabra. Tu fe crecerá y verás la luz incluso cuando tu valle esté oscuro.

Mientras terminamos, pasa unos momentos tranquilos con tu Pastor.

Sírvete un café o un té y quédate con Él. Si tu camino por el valle se tambalea un poco, pídele fe. Dile que crees y pídele que te ayude en tu incredulidad. Pídele que te ayude a reconocer tu miedo y a aumentar tu fe. Él te ama, hermana mía. Tú eres Su preciosa oveja, y Él quiere que sientas Su consuelo y Su presencia en tu valle.

Esto es lo último que quiero recordarte hoy: ¡los tiempos de valle no duran, pero las mujeres valientes sí!

Sí. Toma eso, ¡miedo! Podemos sentir miedo de vez en cuando, ¡pero somos las mujeres de Dios fuertes y valientes en nuestro Señor!

No temas. Hasta mañana.

DÍA 3

TÚ ESTARÁS CONMIGO

Bien, ya en este punto, lo entendemos. No necesitamos temer a la oscuridad o a la sombra de muerte.

> Pero, ¿por qué no? ¿Qué dice el versículo?

¿Acaso David no tenía miedo porque el valle era poco profundo? ¿Su calma vino porque tenía una gran seguridad para caminar por el valle o habilidades excepcionales para manejarlo? ¿Se calmó su miedo porque su fe era enorme? No.

La razón por la que David no tuvo miedo es la misma por la que tú y yo no debemos de tener miedo: nuestro Pastor está con nosotras. No es que el peligro esté ausente, sino que Dios está presente.

> Ayer hiciste una lista de varios pasajes de las Escrituras que hablaban sobre el miedo y por qué no tenemos que tener miedo. Repasa esos versículos y busca todos los siguientes que no están en la lista de ayer.
>
> Salmo 27:1 • Salmo 46:1-2 • Proverbios 3:25-26 • Isaías 35:4
> Isaías 41:10-14 • Mateo 28:20 • 1 Juan 4:18

Me encantan todos estos versos, ¿a ti no? Son tan reconfortantes. Como constructores de confianza.

Basándome en estos versículos, hice una lista de todas las razones por las que no necesito tener miedo. Cuando mis sentimientos me dicen que tenga miedo, reviso mi lista. Me ayuda a mantener una perspectiva de fe.

Como todas luchamos y nos enfrentamos a los miedos de vez en cuando, crea tu propia lista. Pero, en lugar de simplemente hacer una lista, escribe las razones por todas las paredes de la imagen del valle debajo. Amiga, ¡esto es como un graffiti de gracia!

RAZONES POR LAS QUE NO DEBO TEMER

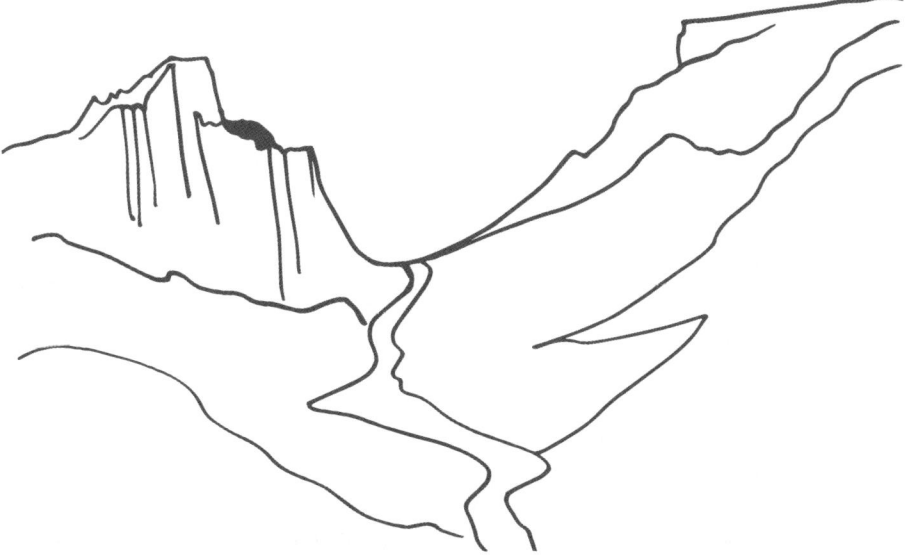

¿Sabes por qué escribimos en las paredes del valle? Porque representa algo significativo. Cuando alguien utiliza la frase «la escritura está en la pared», es como oír esa desagradable música de «da, da, da, dom» justo antes de que el malo principal sea apaleado en un videojuego. Significa que algo está a punto de fracasar o de dejar de existir. Así que cuando pones las razones para no tener miedo en la pared, te estás recordando a ti mismo que el miedo fracasará porque la fe y la verdad son más poderosas. ¡Sí!

Todas las razones que escribiste en la pared son verdaderas para ti hoy, y lo serán también mañana. Serán verdaderas para ti durante mil mañanas. ¿Por qué? Porque están basadas en la Palabra de Dios y Su Palabra permanece para siempre. ¡Oh, gracias, Señor!

Amiga mía, nada de lo que temes es más poderoso que tu Dios. Luchar contra el miedo es universal, pero lo que nos da miedo puede ser único y personal. La presencia de Dios también es única y personal. David escribió: «Tú estás conmigo» (Sal. 23:4). Eso significa que tu Pastor está contigo en este momento. Su presencia es personal. Es capaz de encontrarse contigo justo donde estás. Observa cuántos versículos relacionan el no tener miedo con la presencia de Dios. Su luz disipa la oscuridad.

Vuelve a leer el Salmo 23:1-3 y fíjate en los pronombres que encuentras en cada uno.

Pronombres del versículo 1:

Pronombres del versículo 2:

Pronombres del versículo 3:

¿Cómo cambian los pronombres en el versículo 4?

Pronombres del versículo 4:

Tal vez quieras encerrar en un círculo los pronombres del versículo 4 porque son absolutamente hermosos. *Tú. Tu.* David pasa de hablar de su Pastor a hablar con su Pastor. ¿Por qué crees que ocurre este cambio en este versículo?

Dios se vuelve personal cuando el valle se oscurece.

Ahora sabemos que Dios es siempre un Dios personal, de todas las maneras y en todas las ocasiones. Sin embargo, a veces son esas experiencias en el valle las que nos hacen pasar del conocimiento de nuestro Pastor a conocer realmente a nuestro Pastor.

Con tu valle (o valles) en mente, responde a las siguientes preguntas.

¿Qué has aprendido (o qué estás aprendiendo) de tu Pastor cuando la vida era (o es) más oscura?

¿Cómo experimentaste (o experimentas) personalmente a tu Pastor mientras estabas en el valle?

La presencia de Dios es un hecho, pero seamos realistas: no siempre es un sentimiento. Al menos no para mí.

Debemos recordar que la fe no se basa en los sentimientos. La fe se basa en la verdad de la Palabra de Dios y en la integridad de Su carácter. Él ha prometido estar con nosotras en todas nuestros valles y Dios nunca rompe una promesa. Así que aunque no sientas la presencia de Dios, puedes saber y confiar absolutamente en que Él está contigo.

Sin embargo, cuando estés en ese valle y te sientas sola, aquí hay algunas maneras de ayudarte a reconocer Su presencia. Estas te ayudarán a enfocarte en el hecho de Su presencia en lugar de tu sentimiento de miedo.

1. ESTATE QUIETA

Lee el Salmo 46:10. La quietud aumenta nuestra conciencia de Su presencia. A menudo nuestra respuesta a los valles es correr frenéticamente, preocuparnos sin cesar y buscar la salida más rápida. Cuando esto suceda, detente y ora. Pídele al Señor que te ayude a estar quieta, a escuchar y a aquietar tu corazón. Te sugiero que no esperes momentos de valle para esta práctica. Tómate cinco minutos todos los días y quédate quieta con Él. Lee las Escrituras en voz alta. ¿Por qué en voz alta? Porque hablar Su Palabra y escuchar Su Palabra requieren quietud y concentración.

He estado citando el Salmo 23 una y otra vez para ayudarme a estar quieta y centrarme en mi Pastor. De hecho, lo acabo de hacer. Me interrumpieron con una llamada telefónica sobre mi papá, e inmediatamente, ¡mi factor miedo comenzó a aumentar! Amiga, citar y meditar este salmo me ayudó a estar quieta. Y mientras más lo citaba, empecé a orar y a usarlo para alabar a mi Pastor. Seis veces-esas fueron las veces que lo cité en cinco minutos. Pruébalo. Y cuéntame cómo la Palabra viva y activa te hizo consciente de Su presencia. Tu enfoque en el valle disminuye cuando te concentras en citar las Escrituras. Hermana, no estás sola. Quédate quieta para que puedas saber que Él está contigo.

2. CANTA ALABANZAS

Sí, canta. Busca el Salmo 22:3 para encontrar razones. Dios está realmente presente en medio de tu alabanza. Él habita y reside en ella. No tienes que ser un buen cantante o un cantante con voz fuerte (especialmente si no eres un buen cantante). Pero cuando cantas, cada nota construye un trono y Dios se apresura a sentarse en él. La adoración es la manera de acercarse a Dios.

> Según Santiago 4:8, ¿qué ocurre cuando te acercas?

Sentirás Su cercanía en tu valle cuando invoques Su Nombre, le alabes y estés quieta ante Él.

Dios está contigo en tu valle.

Amiga mía, a veces es difícil ver claramente las lecciones que necesitamos aprender y cuán profundamente, somos amadas y cuidadas mientras navegamos por el valle. A veces tenemos que atravesarlo para entender lo que sacamos de él. Así que si estás en medio del valle oscuro, no te apresures ni eches mano de la astucia para encontrar la lección. Simplemente, descansa en tu Pastor. Deja que Él te lleve. Recibe Su consuelo y cuidado.

Finalmente, llegarás al versículo 5, donde habrá una mesa encantadora esperándote. En ese momento, podrás mirar atrás con claridad mientras disfrutas del banquete de bendición que Dios está preparando para ti incluso ahora.

A las ovejas no les gustaba caminar por donde no podían ver. El pastor tenía que ser consciente de que los bandidos y los malos podían estar esperando en esas sombras para abalanzarse sobre él y robarle las ovejas. Pero las ovejas no tenían que temer porque el pastor estaba con ellas. El pastor no tenía que temer porque tenía su vara y su cayado. Y esto, amiga mía, es mi transición no tan sutil, de lo que hablaremos mañana. Hasta entonces, que sientas la presencia de tu Pastor en cada momento de este día.

DÍA 4

TU VARA Y TU CAYADO ME INFUNDIRÁN ALIENTO

Infundir aliento. Ah, una de mis palabras favoritas. ¿Qué le viene a la mente cuando piensa en las palabras: infundir aliento, reconfortar, consolar?

Pienso en comida. Intento no hacerlo, pero la pizza, la sopa de verduras o el pastel de mi madre llenan mis pensamientos. También pienso en una manta caliente junto al fuego y en la fragancia de la vainilla. Así que antes de seguir escribiendo, voy a acercarme a la chimenea y encender una vela de vainilla. (Ojalá tuviera algo de comida reconfortante para acompañarla).

¿Qué tal si tú haces lo mismo? Ve a ese lugar de tu casa donde disfrutas de mayor comodidad. Una vez que estemos todas instaladas, pensemos en cómo nos sentimos cuando estamos alentados o reconfortados. ¿Qué palabras te vienen a la mente?

Segura, relajada y en paz. Esas son algunas de las palabras que me vieron a la mente. Pero amiga, ¿quieres saber cuáles dos palabras nunca vendrían a mi mente? *Vara y cayado*. Esas cosas no suenan tan reconfortantes como un pastel o una manta caliente. Pero David, el pastor, le dijo al Señor, su Pastor, que fue la vara y el cayado lo que le infundieron aliento.

¿Por qué?

Veamos otros lugares en los que aparecen las palabras vara y cayado en las Escrituras y lo que representan.

En primer lugar, haz una búsqueda de palabras sobre *vara* e intenta determinar, dentro del contexto, qué pueden representar «las varas». Dependiendo de la versión que utilices, las palabras *vara* y *cayado* pueden parecer intercambiables. Espero puedas encontrar la razón.

PASAJES BÍBLICOS	LO QUE ME DICE ESTE VERSÍCULO SOBRE LA *VARA* Y EL *CAYADO*
Números 17	
Job 21:9	
Proverbios 29:15	

Cuando un hombre sostenía una vara, representaba autoridad. Era una herramienta de disciplina y demostraba que tenía la capacidad y la disposición para defender. Además, la vara representaba el honor y la fecundidad.

Basándote en las Escrituras que encontraste o en los iniciadores de las Escrituras, ¿cómo te infunde aliento la vara de Dios (Su autoridad, Su disciplina, Su protección) cuando estás en un valle oscuro?

La autoridad de Dios me infunde aliento porque:

La disciplina de Dios me infunde aliento porque:

La protección de Dios me infunde aliento porque:

La suave guía y disciplina de Dios nos hacen sentir seguras en nuestros valles. La voluntad y la capacidad de Dios para defendernos y protegernos nos dan confianza para seguir caminando.

Nos sentimos alentadas y reconfortadas en nuestros valles porque Dios tiene autoridad sobre ellos. La oscuridad no durará ni un minuto más de lo que Él decida.

Debemos recordar que David era un pastor con vara y cayado que escribió este versículo al Señor que era su Pastor. Echemos un vistazo a un pasaje de la Escritura que nos dará el contexto de David cuando escribió estas palabras en el Salmo 23.

> Lee 1 Samuel 17:34-35. ¿Cómo reaccionó David, el pastor, cuando una de sus ovejas estuvo en peligro? ¿Se limitó solo a observar? ¿Entró en pánico y huyó? ¿Se cayó y oró?

¡No, hermana! ¡David se convirtió en un equipo de demolición de un solo hombre! Fue tras la bestia, luchó ferozmente y rescató a su cordero. Y si la desafortunada bestia era tan tonta como para defenderse durante el rescate, David la agarraba por la quijada y luego zas. Eso fue todo lo que hizo.

Si tengo a alguien como él cuidándome, me siento segura. ¿Y tú? No hay mayor consuelo que saber que alguien te protegerá, luchará por ti y te rescatará, arriesgando su propia vida por ti. Esa es la descripción de tu Buen Pastor.

Amiga, necesito hacer una pausa y recibir esta verdad. Tú también. Deja tu bolígrafo y cualquier otra carga que estés llevando en este momento y recibe Su autoridad, Su disciplina y Su protección.

> Busca los versículos que aparecen junto a cada oración para ayudarte a recibir realmente el consuelo que Dios quiere darte. Haz que estos pasajes formen parte de tus oraciones.
>
> SEÑOR, RECIBO TU AUTORIDAD Salmo 115:3; Mateo 28:18; Juan 3:35; Colosenses 2:10.

Utiliza este espacio para anotar tus pensamientos y oraciones sobre la autoridad, disciplina y protección de Dios sobre tu vida.

SEÑOR, RECIBO TU DISCIPLINA Job 5:17; Salmo 94:12; Proverbios 3:12.

SEÑOR, RECIBO TU PROTECCIÓN. Éxodo 14:14; Deuteronomio 3:22; Deuteronomio 20:4; Nahúm 1:7; Romanos 8:31.

El Señor es tu pastor. Su vara te infunde aliento.

Ahora, busca *vara* en un diccionario bíblico o en una enciclopedia bíblica. Recuerda, BibleStudyTools.com (Español) es un gran recurso.

Según lo que has descubierto, ¿en qué se diferencian la vara y el cayado?

¿Cree que la vara y el cayado tienen propósitos diferentes? En caso afirmativo, ¿cómo?

Esta bien hermana, esta parte puede haber sido un poco confusa para ti; lo fue para mí. Permíteme darte las palabras hebreas para vara y cayado, en caso de que no las hayas encontrado. Te ayudará a aclarar el significado de estas palabras. La palabra hebrea para vara es *shebet*, y tiene la idea de un palo. Originalmente, se refería a una parte de un árbol. Y ya hemos descubierto sus usos.[4] Por otro lado, ¡en la otra mano del pastor, estaba el cayado! La palabra hebrea para cayado es *mishenah*, y conlleva la idea de algo en qué confiar, apoyarse y sostenerse.[5]

Cuando se trataba de ovejas, el pastor usaba la vara para guiar y proteger firmemente al rebaño, y usaba el cayado para atraer a las ovejas hacia sí y mantenerlas cerca. Ambas acciones del pastor infunden aliento a las ovejas porque se sentían seguras, protegidas, cuidadas y observadas por su pastor.

Por eso también podemos sentirnos seguras con nuestro Pastor. Estamos seguros en Él, a salvo con Él y Él nos cuida cada día de nuestras vidas. ¡Qué consuelo!

Terminemos hoy con la palabra *aliento*.

> Busca la definición de *alentar* en el diccionario y escríbela aquí.

La forma verbal de *alentar* significa dar fuerza emocional a alguien.[7]

> Si quieres seguir aprendiendo, busca la etimología (historia de la palabra) y observa cómo profundiza tu comprensión la forma en que Dios nos da fuerza emocional en nuestros valles.

SOBRE LA ETIMOLOGÍA

El diccionario Merriam-Webster define *la etimología* como «la historia de una forma lingüística (como una palabra) que se muestra trazando su desarrollo desde su primera aparición registrada en la lengua en la que se encuentra, trazando su transmisión de una lengua a otra, analizándola en sus componentes, identificando sus cognados en otras lenguas, o rastreando su origen y el de sus cognados hasta una forma ancestral común en una lengua ancestral».[6] .En resumen, es la historia de una palabra. Descubrir la historia de una palabra puede aportar información importante sobre su significado. Esto es útil, cuando se explora el significado de palabras bíblicas. Para encontrar la historia y el significado de las palabras bíblicas, utilice libros de referencia como la *Nueva Concordancia Strong Exhaustiva* o *el Diccionario Expositivo Vine*. Las aplicaciones bíblicas como *WordSearch* y *Logos* también pueden ser buenas fuentes.

Recibimos el máximo aliento a través de la presencia de Dios.

¿Necesitas ser alentada? ¿Necesitas estar con Dios y ser fortalecida por Él?

A veces buscamos ser alentadas en los lugares equivocados. Por ejemplo, la comida, la bebida, actividades, estatus o la huida del valle. Pero ninguna de esas cosas nos dará el aliento o la fuerza definitivos. No proporcionan la compañía que nuestras almas necesitan.

Tómate un momento para evaluar si Dios es tu verdadera fuente de aliento. Pídele que Él te lo muestre. Vuelve al principio del estudio de este día, cuando te pregunté qué palabras te vienen a la mente cuando te sientes reconfortada o alentada. Anótalas aquí de nuevo.

¿Son esos los sentimientos que tienes en tu valle cuando caminas con tu Pastor? Esas emociones te ayudarán a evaluar si estás siendo o no alentada por Dios. Si no es así, arrepiéntete y vuelve tu corazón al Señor. Busca Su verdadero consuelo y paz. No te conformes con soluciones temporales cuando el Pastor está a tu lado.

Último pensamiento para hoy y para esta semana: Cuando somos ovejas alentadas, podemos alentar a otras ovejas. Podemos ser mujeres que Dios usa para fortalecer a otras mujeres que caminan por el valle.

La raíz latina de la palabra fortaleza en el consuelo significa *fuerte*.[8] Cuando consolamos a los demás, es como si Dios nos utilizara para ayudar a convertir las piezas débiles y rotas de la vida de alguien en una fortaleza de la fuerza de Dios.

Amiga, tú puedes ser esa mujer. Sin embargo, si eres tú la que necesita consuelo, que la recompongan y la hagan fuerte, quédate en el rebaño. Sé sincera. Cuéntaselo a una compañera de estudio bíblico. Hermana, cuando somos sinceras, ¡recibiremos fortaleza!

¿Por qué conformarse con menos? Con nuestro Pastor, nada nos faltará. Así que recibamos todo lo que nuestro Pastor nos da.

Gracias, Señor, por Tu aliento. Gracias por Tu presencia. Gracias por la luz en nuestros valles y la paz en nuestro caos. Gracias porque tienes autoridad sobre nuestros valles y los usarás para llevarnos a mejores lugares contigo. Amén.

Este pequeño versículo es tan grande, en verdad que siento que apenas hemos empezado. Pero a veces tenemos que dejarlo antes de terminar y esta es una de esas veces.

Me encanta estudiar este salmo contigo, amiga mía. Oro para que Dios junte todas las piezas de este versículo para ti de una manera única y personal mientras pasas mañana un Día de Pasto Delicado con Él.

Nos vemos en el video.

DÍA 5

DÍA DE LOS PASTOS DELICADOS:
UN DÍA PARA DESCANSAR Y DIGERIR

> Aunque ande en valle de sombra de muerte, no temeré mal alguno, porque Tú estarás conmigo; Tu vara y Tu cayado me infundirán aliento.
>
> **SALMO 23:4**

Mientras aprovechas este día para hacer cualquier cosa que te ayude a digerir lo que has aprendido esta semana, considera que el Salmo 23:4 nos ayuda a entender el Principio de Presencia: Nunca estás sola porque tu Pastor nunca te abandona.

En tu Día de los Pastos Delicados, mientras descansas, oras, escribes en tu diario, dibujas, adoras o reflexionas, aquí tienes algunas cosas a tener en cuenta:

Pasajes bíblicos que quiero recordar de esta semana:

Citas que me han gustado de esta semana:

Alguien a quien necesito consolar, con quien estar, a quien ayudar a ser fuerte:

Versículos sobre el miedo que quiero recordar:

Para ayudarte a atravesar tu valle con gozo, escucha las canciones que incluí en mi lista de reproducción del *Salmo 23* en JenniferRothschild.com/Psalm23.

Gracias, Señor, por caminar conmigo y consolarme en mis valles.

SESIÓN DE GRUPO 5

ANTES DEL VIDEO

Bienvenida y oración

NOTAS DEL VIDEO

Los tres valles que atravesamos

1. El Valle de Baca representa el llanto _____ y la tristeza.

   ### DOS COSAS QUE PUEDES HACER CUANDO ESTES EN EL VALLE DE BACA

   1. Haz del Señor tu _____.

      Cuando no somos sinceras, nuestro Valle de Baca es más _____ y mucho más _____.

   2. Pon tu corazón en _____.

      Cuando atravieses el Valle de Baca, aférrate a tu _____, da un paso a _____, y _____.

2. El Valle de *Elah* es el valle de _____.
   - Las batallas rara vez _____. La mayoría de las veces _____.
   - Cuando estamos en el valle de la batalla, podemos olvidar quién es el verdadero _____.
   - Cada batalla que _____ pertenece al Señor.
   - Cuando estés en el valle, necesitas _____ _____.

3. El valle de Acor
   - El Valle de *Acor* es un lugar de _____ y con frecuencia _____.

- Si estás en el Valle de Acor, cuando busques la _____ de _____, todo cambiará.

- Cuando estés en el Valle de Acor, puedes convertirte en una puerta de esperanza para _____ _____.

GUÍA DE CONVERSACIÓN
Video 5

DÍA 1: ¿Cuáles son algunos de los valles a los que te has enfrentado en los últimos años? ¿Cuál fue tu experiencia al caminar por estos valles? ¿Fue solo de paso o acampaste en el valle?

DÍA 1: ¿Cómo te enfrentaste al miedo durante tu estancia en el valle? En una escala del 1 al 10, siendo 1 *Consumida por el Miedo* y 10 *Caminando por la Fe*, ¿cómo te calificarías? Explica.
Comparte con el grupo tu declaración «No al miedo».

DÍA 1: ¿Cuáles son algunas de las razones para no tener miedo que escribiste en el muro de tu valle? ¿Cómo experimentaste la presencia del Señor en tu temporada de valle? ¿Cómo se hizo más personal Su presencia durante ese tiempo?

DÍA 1: ¿Cómo te consoló Dios durante tu experiencia en el valle? ¿Cómo estás consolando a las hermanas que caminan por el valle? ¿A quién conoces que necesita ser consolada y animada? ¿Qué harás para ministrarlas?

DÍA 1: Comparta algunos de los momentos más destacados de tu Día de los Pastos Delicados.
¿Cuál es la verdad más significativa que te llevas de esta semana de estudio?

Apuesto a que conoces a alguien que se animaría con esta enseñanza en video. Ingresa tu código que vino con este estudio.

SEMANA 5

TU PASTOR TE LLAMA SUYA

Aderezas mesa delante mí en presencia de mis angustiadores; Unges mi cabeza con aceite; mi copa está rebosando.

SALMO 23:5

#ESTUDIOSALMO23

DÍA 1

¡Esta semana, la mesa está lista y comienza la celebración! Así que saca tu copa y tu plato favorito porque la Palabra dice que tu copa está a punto de rebosar. Y tú, hermana, ¡disfrutarás esta celebración!

Hasta ahora, en el Salmo 23, hemos descansado en pastos delicados y nos hemos sentado junto a aguas de reposo. Hemos caminado por sendas de justicia y caminado de puntillas (o hemos sido arrastradas, pataleando y gritando) por valles oscuros. Al igual que en nuestras vidas, estos versículos nos han llevado a través de situaciones y temporadas. Pero no hemos tenido una temporada de celebración, hasta ahora.

Este versículo (Salmo 23:5) no sugiere que la vida será como un gran baile feliz todos los días, pero sí señala que siempre habrá momentos de bendición y alegría. Ocurren más de lo que pensamos, ¡incluso en los valles! Por lo tanto, debemos reconocerlos y recibirlos como regalos y propósitos del plan final que nuestro Pastor tiene para nosotras.

Así que lávate las manos; es hora de cenar. No tienes que poner la mesa porque ya está lista.

ADEREZAS MESA DELANTE DE MÍ

¿Estás sentada en tu mesa en este momento? Todos tenemos nuestros lugares favoritos para estudiar, leer, pensar y orar. Para ti puede ser una mecedora en tu terraza o un sillón cerca de la ventana. Puede que esté en tu escritorio o en una cafetería. O puede que te sientas más cómoda en la mesa de la cocina. Ahí es donde me siento yo, aquí mismo, con mi computadora y una taza de café.

Pero aunque no estés leyendo esto en tu mesa, tienes una, ¿verdad? La mayoría de nosotros tenemos una mesa y es el lugar donde comemos.

> Observa tu mesa. ¿Cuántos asientos hay? Normalmente, más de uno ¿verdad? ¿Por qué? ¿Para qué sirve una mesa con muchas sillas?

Las mesas son lugares donde nos reunimos, donde pasamos tiempo juntos. Piensa en las ocasiones que has estado en tu mesa o en otras mesas especiales, comiendo con tus seres queridos.

Cuando recuerdo los momentos de mi vida en la mesa, pienso en las cenas de verano en casa de mi tía sureña, con su preciosa vajilla de borde azul y los tomates frescos de su huerto. Pienso en las cenas de navidad en la mesa antigua de mamá y papá con sillas ruidosas y en las frituras de pescado de verano en la mesa de pícnic del abuelo, con vistas al río Apalachicola.

Recuerdo cómo mi madre siempre ponía la mesa navideña más bonita con encajes, flores frescas y toda la reliquia familiar de plata. (¡Su bizcocho sigue siendo inigualable hoy en día!) También recuerdo con cariño aquellos momentos en los que comía pizza en un plato de papel en mi mesa de cristal que mis hijos manchaban mientras *VeggieTales*® sonaba de fondo. Para mí, los momentos en la mesa son felices, significativos, especiales, profundos, tiernos, preciosos, conectados, divertidos, seguros, honestos y vivificantes.

¿Qué palabras y sentimientos te vienen a la mente cuando recuerdas tus momentos en la mesa? Haz una lista aquí.

EXPERIENCIAS EN TIEMPOS DE MESA	EMOCIONES EN TIEMPOS DE MESA

Las experiencias en la mesa suelen estar llenas de emociones. ¿Es eso lo que observas en tu lista? Las Escrituras también contienen varias menciones sobre momentos alrededor de la mesa. Utiliza tu recurso en línea favorito o la concordancia de la parte posterior de tu Biblia para encontrar versículos con la palabra *mesa* en las Escrituras. Busca otras palabras relacionadas con la mesa, como *banquete* o *comer*, para ampliar tu búsqueda.

Enumere las referencias a continuación, incluyendo el tipo de mesa que es, el propósito de la reunión y cuál de Tus emociones en «Tiempos de Mesa» de la lista anterior se ajusta a esa mesa en particular.

TABLA DE REFERENCIA	TIPO DE MESA	EMOCIÓN EN LA MESA
2 Samuel 9:1-7		
1 Reyes 2:7		
Isaías 25:6-9		
Mateo 22:1-4		
Lucas 14:15		

No solo nosotros. Durante miles de años, las mesas han sido lugares de reunión, depósitos y plataformas de lanzamiento de muchos de los momentos más preciosos de la vida. Gozo, reflexión, celebración, hospitalidad, honor y bendición son solo algunas de las experiencias en la mesa que vemos en las Escrituras.

Así que piensa en este concepto de comer en la mesa en el contexto del Salmo 23. ¿Has visto alguna vez a una oveja comiendo en una mesa? Lo dudo. Entonces, ¿por qué David describe al Señor, nuestro Pastor, preparando una mesa delante de nosotras-para nosotras, Sus ovejas? Esta sería una buena pregunta para buscar en Google o investigar en un comentario. Pero si quieres que te lo diga, lo haré. ¡Alerta de spoiler! ¡Alerta de spoiler! No leas el siguiente párrafo hasta que encuentres la respuesta por ti mismo, si quieres.

> ¿Por qué David describe al Señor, nuestro Pastor, preparando una mesa delante de nosotras, para nosotras, sus ovejas?

David escribió este salmo sobre su Pastor, como si él, David, fuera una oveja. Pero, ¡sorpresa! En el versículo 5, cambia la imagen de Dios como pastor a un anfitrión generoso o un rey que celebra un banquete.

¿Cómo es esta mesa? En la antigua tradición hebrea de los banquetes, un rey o un anfitrión rico y benévolo invitaba a su mesa a las personas importantes y favorecidas. A menudo, el gran banquete se celebraba al aire libre para que todo el pueblo pudiera ver quién estaba en la fiesta y quién no. El favor del rey era obvio para todos los que miraban, incluidos los enemigos derrotados, los vecinos gruñones o las chicas malas y celosas (estas dos últimas son solo lo que me imagino), así que ==la mesa era un lugar de bendición, favor y comunión.==

En un sentido figurado, la mesa de Dios es su favor, bendición y comunión extendida sobre nosotras. Es una invitación a participar de las cosas buenas de Dios. Es una oportunidad para aceptar la provisión de Dios, experimentar Su protección y disfrutar de Sus bendiciones.

¿Cómo ves la «mesa» de Dios evidente en tu vida?

En el versículo 5, ¿quién prepara esta mesa?

En el contexto de David, ¿quién crees que preparaba normalmente la mesa?

¿Quién prepara la mesa para los invitados en tu contexto?

A menos que esté casada con un chef profesional o sea un hombre al que le encanta cocinar y organizar cenas, probablemente sea usted quien prepare la comida y la mesa. Y probablemente, seas tú quien sirva a los invitados. (Aunque si estamos hablando de mí, seríamos papá John y yo, ¡él es mi proveedor de catering!).

En la antigua cultura hebrea, un sirviente habría preparado la comida y la mesa, no el anfitrión. ¿Qué dice este hecho sobre el carácter de tu Rey Pastor y tu valor como oveja?

Amiga, es sencillamente radical que Dios prepare la mesa para nosotras. Dios, el Anfitrión, sirve a los invitados. Dios Pastor sirve a Sus ovejas. Dios Padre sirve a Sus hijos. Dios Rey sirve a Sus súbditos. Debería ser exactamente lo contrario, ¿verdad? Deberíamos preparar una mesa para Él, y no al revés. Amamos y somos amados por un Dios humilde.

Teniendo en mente esta imagen, lee Filipenses 2:6-8 e identifica cuatro ejemplos que afirmen a Jesús como Aquel que nos sirve en la mesa. Enuméralos a continuación con la referencia.

Ejemplos de siervos de Jesús en Filipenses 2:

1.

2.

3.

4.

También puedes escribir Filipenses 2:6-8 en el espacio proporcionado y encerrar con un círculo las cualidades que aparecen en los propios versículos. Escribir las Escrituras ayuda a reforzarlas en nuestras mentes y corazones.

Piénsalo. Si eligieras arriesgar tu reputación por alguien, si renunciaras a tu derecho a ser servido y eligieras servir en su lugar, si te identificaras con lo más bajo de lo bajo, si te humillaras en nombre de otra persona y esa humildad significara el sacrificio final, ¿qué estarían comunicando tu comportamiento y tus elecciones?

Evidentemente, el objeto de tus acciones debe ser increíblemente valioso para ti. Piensa que Jesús hizo eso -¡hace eso- por ti y por mí! ¿Qué emociones brotan en ti cuando consideras lo que Jesús ha hecho por ti? Haz una pausa y díselo. Exprésale tu asombro, agradecimiento y alabanza por valorarte de esa manera. Escribe una oración a tu Pastor agradeciéndole Su amoroso deseo de tratarte con tanto honor.

Querido Señor:

Amén.

Oh amiga, esta verdad es tan valiosa y humilde. Tengo que rellenar mi café y hacer una pausa aquí para dejar que lo aprendido se asiente en mi mente y corazón.

TU RESPUESTA A LA MESA

Cambiemos de tema. Imagina que has recibido una invitación a la mesa del Salmo 23:5 y que tienes que confirmar tu asistencia para que tu Anfitrión sepa que estarás allí. Escribe una nota a tu Pastor Anfitrión agradeciéndole la invitación. En tu nota, dile cómo te sientes por haber sido invitada y qué esperas recibir cuando te sientes a Su mesa. Utiliza las palabras que has mencionado antes en el cuadro «Emociones en el momento de la mesa» para influir en el contenido de tu RSVP.

MI RSVP:

El RSVP indica tu deseo de recibir la bendición, el favor y la comunión de tu Pastor. Eso es como decirle al Señor: «Acepto lo que Tú provees para mí. Ya estoy experimentando y continuaré experimentando Tu presencia y protección. Estoy emocionada y lista para deleitarme en lo que tienes preparado para mi».

Esta semana, practica empezar cada día con un RSVP. Agradece a tu Pastor por reservarte un lugar en Su mesa y dile que estás lista para recibir lo que Él ha preparado para ti. Sé consciente de Su provisión, presencia, protección y amor durante todo el día.

> Esta es una buena manera de ayudarte a gozar de tu RSVP y experimentar intencionadamente los tiempos de mesa esta semana. Toma cuatro fichas o notas adhesivas y ponles un título:
>
> ☐ Contemplar Su provisión
> ☐ Contemplar Su protección
> ☐ Contemplar Su presencia
> ☐ Contemplar Su bendición

Llévalas contigo a lo largo de cada día, y pídele a tu Pastor que te haga consciente de cómo te está proveyendo, protegiendo y honrando con Su presencia y bendiciones. Cuando observes alguna de ellas, anótala en la tarjeta o nota correcta. Utiliza unas pocas palabras que te refresquen la memoria. Al final de la semana, adjunta tus notas o tarjetas en tu Día del Pasto Delicado para que puedas revisarlas.

Permítanme darles algunos ejemplos personales.

CONTEMPLAR SU PROVISIÓN: CAJA DE TERAPIA DE LUZ

He visto la provisión de mi Pastor en este práctico aparato que me han enviado a casa esta semana. Me enteré de que su luz brillante imita la luz natural del sol al aire libre. Evidentemente, la terapia de luz puede afectar a las sustancias químicas del cerebro relacionadas con el sueño y el estado de ánimo.

He estado luchando contra el insomnio y la depresión, y me enteré de que podría deberse a que mis ojos no procesan muy bien la luz, algo así como el «Trastorno Afectivo Estacional» todos los días del año. ¡Así que la he puesto en mi escritorio para que brille una luz de esperanza! La caja de terapia de luz es solo otra forma en la que Dios está cuidándome, eso es Su provisión.

CONTEMPLAR SU PRESENCIA: JUAN 16:33

Esta mañana, mientras escuchaba Juan 16, sentí la cercanía de mi Pastor y oí Su voz que me aseguraba que Él me hablaba, diciéndome que Él había vencido al mundo y que yo podía tener paz en Él.

CONTEMPLAR SU BENDICIÓN: QUINOA & COL

Fue un almuerzo delicioso. Me hizo pensar en lo bueno que es Dios al dar alimentos nutritivos y deliciosos, solo para que los disfrute.

¿Captas la idea? Hermana, hazlo, de verdad. Te ayudará a esperar y experimentar los tiempos de la mesa durante todo el día y toda la semana.

¿Sabes lo que realmente me sorprende? Nuestra invitación a la mesa no tiene nada que ver con nuestros méritos. No tiene absolutamente nada que ver con lo que traemos a la mesa. Nuestra invitación se basa en la gracia de nuestro Pastor: Su carácter y Su elección.

El carácter de Dios pone la mesa y Su gracia te reserva un asiento.

Así que cuando confirmes tu asistencia, planea ir. Dios ya ha provisto lo que necesitas para vestirte. ¿Qué dice Isaías 61:10 sobre tu vestuario?

Hermana mía, cuando recibiste a Cristo, lo viejo se hizo nuevo. Los trapos sucios que solías pensar que estaban de moda fueron reemplazados por nuevas vestiduras de justicia. Te despertaste esta mañana completamente vestida con la vestidura de la salvación, así que estás lista para sentarte a Su mesa - ¡encajas perfectamente! Su bendición, favor y presencia están preparados para ti. Así que acerque una silla.

Y Dios no solo nos sirve en la mesa. Lo hace frente a nuestros enemigos. A estas alturas, ya sabes que era mi forma de decir «¡estén atentas!».

DÍA 2

EN PRESENCIA DE MIS ANGUSTIADORES

Angustiadores. También traducido en otra versión como «enemigos» (NBLA). Qué manera de empezar el día.

> ¿Quiénes crees que son los enemigos en este versículo? Evidentemente, para David había más de uno. Si David ha cambiado las imágenes de pastor a rey y ejército, ¿qué enemigos podría tener en mente?

David podría haber estado encerrado en una cueva pensando en Ahitofel o Absalón cuando meditaba en sus enemigos. Los pensamientos de esos hombres, un amigo y el otro su hijo, podrían haber estado frescos y tiernos en su mente. O podría haber estado pensando en ejércitos como los filisteos o los Gesuritas, Gezriitas y los Amalecitas. (¡O cualquiera de la otra docena de «itas» que no puedo pronunciar!) David tenía muchos enemigos entre los que elegir.

> Para contextualizar, ten en cuenta que David probablemente escribió este salmo mientras estaba en Mahanaim. Lee 2 Samuel 17 y consulta las notas del Video de la semana 2 para obtener más información.

David se enfrentó a unos cuantos enemigos a lo largo de su vida: animales salvajes, un rey celoso, un gigante, un antiguo amigo y muchos más. Sabía lo que era sentirse amenazado, odiado y tratado con hostilidad.

Quizá tú también tengas enemigos. Puede que incluso te vengan a la mente personas concretas. Pero no hablamos solo de enemigos humanos. Claro que hay gente que nos hace daño y se opone a nosotras. A veces incluso podemos soportar una relación duradera y hostil. Y a veces hay personas que son malas. Pero averigüemos un poco más sobre esta palabra enemigos para entender bien a qué nos enfrentamos.

La palabra hebrea para enemigos en este versículo sugiere vejar o mostrar hostilidad. Vejar. No es una palabra que se use mucho. Así que la buscaré. ¿Por qué no haces lo mismo?

> Búscalo en un diccionario y anota aquí la definición.

Una definición que he encontrado de *Vejar* significa «perturbar la paz de la mente»[1].

¿Cómo intenta un enemigo perturbar la tranquilidad de su adversario?

¿Qué perturba tu tranquilidad?

Los conflictos perturban mi paz mental. El estrés perturba mi paz mental, y mucho. ¿He dicho perturba? Quisiera decir destruye. Cuando pienso en lo que perturba mi paz mental, pienso en las malas palabras dirigidas a mí o sobre mí, pero sobre todo en mis circunstancias. Las cuales, muchas veces, son sonestresantes. Cuando pienso en ello, el estrés o los conflictos pueden convertirse en enemigos de mi alma.

¿Y tú? ¿Cómo se convierten en enemigos de tu alma las cosas que perturban tu tranquilidad?

Hay situaciones, circunstancias e incluso personas que nos irritan. Pero lee Efesios 6:12. ¿Quién dice Pablo que *no* es el enemigo?

¿Cuántas personas entran en esta categoría de «carne y hueso»? Todas. Eso significa que la lista de cosas que perturban tu paz mental -que pueden comportarse como enemigos- no son realmente enemigos en absoluto. Tal vez solo sean armas en manos del verdadero enemigo. Incluso el estrés, el conflicto o cualquier otra cosa que hayas escrito en tu lista pueden ser también herramientas en manos del verdadero enemigo. Así que piensa en el verdadero enemigo.

¿Quién es el verdadero enemigo de tu alma y cómo lo describen las Escrituras a él y a sus caminos? Encuentra algunos versículos que describan a Satanás y haz una lista de pasajes bíblicos junto con las palabras que lo describen. Escribe esta lista debajo del título, *La Baba del Enemigo*. (¡Sí, escribí baba!) Una vez que termines tu lista, compárala con la lista que hiciste ayer *Emociones en los Tiempos de Mesa*. ¿Aparecen algunas de las mismas palabras en ambas listas? ¿Son diferentes? ¿En qué se diferencian?

LA BABA DEL ENEMIGO

PASAJES BÍBLICOS	NOMBRES Y DESCRIPCIONES DE LOS ENEMIGOS
Génesis 3:1	
Zacarías 3:1	
Mateo 4:1	
Mateo 16:23	
Juan 8:44	
Juan 10:10	
Efesios 6:11	
1 Pedro 5:8	
Apocalipsis 12:9	

Tu enemigo es un astuto acusador, un sucio mentiroso. Es una piedra de tropiezo intrigante que busca devorar tu alegría, matar tu confianza, robar tu esperanza y tentarte a creer que su manera de vivir y pensar es mejor que la de tu Pastor. ¡Qué terrible! Creo que necesito lavarme las manos después de teclear toda esa baba.

Cuando comparaste las emociones de los tiempos de mesa con la baba del enemigo, ¿viste cómo ninguna de las babas que describen a tu enemigo forma parte de los tiempos de mesa que describiste ayer? Amiga, el punto es que no debe haber baba del enemigo con tu tiempo de mesa. Dios prepara una mesa delante de ti, ¡y es delante de tu enemigo, no con tu enemigo!

Si sientes que experimentas más baba del enemigo que bendiciones espirituales a la hora de la mesa, entonces, tal vez, has levantado una silla extra y le has dado a tu enemigo un asiento en la mesa. En otras palabras, estás dejando que el enemigo se meta con la bendición, el favor y la comunión que tienes con y de tu Pastor.

Detente y evalúa. ¿Le has dado a tu enemigo un lugar en la mesa? ¿Estás experimentando el favor, la bendición y la compañía que Dios ha preparado solo para ti? ¿O está el enemigo estropeando el banquete? Haz una pausa aquí y realmente piensa y ora sobre esto: solo tú y tu Pastor.

Cambiemos de marcha un momento. Volveremos a la intrusión del enemigo, pero a veces tenemos que darnos cuenta de que nuestro banquete con el Pastor se interrumpe porque suponemos erróneamente que habrá días, tiempos y temporadas en los que no experimentaremos la mesa. El enemigo no necesita un asiento para interrumpir nuestro banquete porque ya hemos renunciado a nuestro propio asiento. No respondemos a la invitación de Dios. Hemos decidido que ni siquiera vamos a aparecer. Oh hermana, lo entiendo.

Hay momentos «valle» en los que nos afligimos de verdad y la vida es dura. Como dije ayer, la vida no es siempre un gran baile feliz.

Pero incluso en el valle, incluso cuando la vida es dura, eso no significa que Dios no pueda o no quiera preparar una mesa allí mismo. De hecho, tengo un versículo que te encantará.

Encuentra el Salmo 78:19. ¿Qué se preguntaban los israelitas errantes acerca de Dios?

PROFUNDIZAR

Lee el Salmo 78:20. Allí verás que los israelitas responden a sus propias dudas sobre Dios. Él, de hecho, puede proveer, incluso en el desierto. ¿Cómo lo hizo? El agua salió de una roca. ¿Te lo imaginas? Así que, al contrario de cómo respondieron los israelitas, confía en Él. Mira cómo Él ha sido fiel en el pasado, y confíe en que Él será fiel en el futuro. Estoy tan agradecida de que incluso cuando la vida es difícil Dios está ahí conmigo, dándose a conocer y preparando una mesa.

«¿Puede Dios preparar una mesa en el desierto?» Los israelitas habían estado vagando por el desierto, y en sus corazones rebeldes, simplemente no podían imaginar o aceptar que Dios los proveería y protegería. Dudaban de Su poder, Su bondad y Su carácter. No esperaban disfrutar de Su deleite. De ninguna manera, lo anhelaban.

Pero el poder y la bondad del Pastor no están limitados por los tiempos difíciles. Incluso en el valle, Él puede ponernos una mesa. Oh hermana, estoy aprendiendo que aún puedo venir a la mesa todos los días y ser feliz en Jesús-aún cuando la vida sea difícil. Bueno, volvamos al enemigo.

EL ENEMIGO NO ESTÁ INVITADO

Si no estás seguro de haberle dado a Satanás un asiento en tu mesa, vuelve a mirar la baba del enemigo, la lista basada en las Escrituras y la descripción que escribiste sobre Satanás.

¿Cómo se manifiesta su engañoso obrar en tu vida? ¿Cómo perturba tu tranquilidad?

Me roba …

Miente sobre …

Él mata mi …

Me acusa de …

Me engaña haciéndome creer…

Intenta destruir …

Si determinas que Satanás está tratando de colarse en tu mesa y robarte todas las bendiciones, cancele su invitación. Anteriormente, enviaste un RSVP a tu Pastor con respecto a la invitación a Su mesa. Ahora, escriba una «cancelación de invitación» a tu enemigo. Busca en las Escrituras por qué no debe estar en la mesa.

Isaías 54:17 • Romanos 8:31 • 1 Juan 4:4 • Apocalipsis 12:11

Mi «Cancelación de invitación» a Satanás:

A veces ni siquiera nos damos cuenta de que Satanás se ha sentado en una silla. Así que pídele al Señor que te haga consciente de tu verdadero enemigo. Pídele que te ayude a ser consciente de la voz mentirosa del enemigo que estás escuchando.

Si tus pensamientos son condenatorios, acusatorios, amargos, desesperados, oscuros o feos, amiga, es hora de enviar una cancelación de invitación. Si tu mente y tu corazón están llenos de mentiras y acusaciones sobre el carácter de Dios y quién eres en Él, esa es la voz de tu enemigo. No le permitas sentarse en la mesa. Si se queda, te robará la bendición, el deleite y el gozo que tu Pastor te está sirviendo.

Las palabras de Dios para ti se alinearán con Gálatas 5:22-23-palabras de amor, gozo, paz, paciencia, benignidad, bondad, fidelidad, mansedumbre y dominio propio (NBLA). Cualquier cosa que no esté de acuerdo con ese dulce fruto del Espíritu Santo no viene de tu Pastor. Piénsalo de esta manera, el fruto del Espíritu siempre está en el menú.

==Dios prepara una mesa para ti porque te ama y quiere bendecirte y celebrarte.== No dejes que el enemigo te robe la abundancia. Escucha la voz de tu Pastor. Su voz es la verdad.

¡Oh, gracias, Señor!

DÍA 3

UNGES MI CABEZA CON ACEITE

Hoy estoy de nuevo en mi mesa, sentada aquí esperándote. Me parece bien que nos sentemos a la mesa esta semana mientras aprendemos sobre la mesa que Dios prepara para nosotras.

En mi mesa, siempre hay algunas cosas garantizadas. En primer lugar, el café. A la mayoría de la gente le encanta el café, así que rara vez hay una reunión en mi mesa sin café. En segundo lugar, y esto es peculiar, servilletas. Sí. Me encantan las servilletas. No tienen que ser elegantes ni de tela, pero tiene que haber una servilleta en cada cubierto, sobre todo en el mío. Ni siquiera puedo dar el primer bocado sin una servilleta en mi regazo o en mi mano.

¿Y usted? ¿Qué forma parte siempre de tu mesa?

David dice que hay dos cosas que suceden en la mesa que el Señor prepara. Vuelve a leer o citar el versículo para recordar cuáles son. Escríbelas aquí en primera persona.

¿Qué sucede en la mesa que prepara el Señor?

1.

2.

> Estoy en twitter en @JennRothschild, toma una foto en Instagram con #ESTUDIOSALMO23 para que todos podamos llegar a conocernos. Además, ¡yo también quiero saber lo detallista que eres!

¡Así es! Uno: Dios unge mi cabeza con aceite. Dos: mi copa rebosa.

Empecemos con la unción.

Señor, guíanos hoy hacia la verdad. Ayúdanos a entender quién eres Tú y Tus bondadosos propósitos hacia nosotras. Protege Tu Palabra y ayúdanos a entender lo que realmente significa experimentar Tu unción. Amén.

Bien, hermana, empecemos con una sopa de letras de las Escrituras. Encuentra versículos que usen las palabras *ungir, ungir con aceite*, o cualquier forma de estas palabras. Luego, basándote en esos versículos, describe cuál crees que es el propósito y el resultado de ser ungido con aceite. He incluido algunos versículos para que inicies.

Levítico 8:12 • 1 Samuel 16:13 • Isaías 61:1 • Lucas 7:46
Hechos 10:38 • Santiago 5:14 • 1 Juan 2:20,27 • _____
_____ • _____ • _____

Propósitos de la unción:

Resultados de la unción:

Espero que hayas podido ordenar todos los versículos y mencionar las razones y propósitos. Pero solo en caso de que te ahogues en galones de aceite de unción, permíteme resumir.

La unción con aceite se utilizaba para consagrar o apartar a alguien para un servicio especial, como reyes o profetas. También se utilizaba en las oraciones de curación y era un gesto de hospitalidad y honor hacia un invitado. A menudo, las palabras *ungido* y *elegido* se utilizan indistintamente en las Escrituras.

El Salmo 23:5 dice que Dios unge tu cabeza con aceite. Así que con esas aplicaciones del aceite de la unción en mente, piense en lo siguiente y anota tus respuestas.

¿Cómo me ha apartado o consagrado mi Rey Pastor?

¿De qué manera la presencia o la intervención de mi Rey Pastor me ha curado emocional, física, relacional o económicamente?

¿Cómo he experimentado la bondad, hospitalidad o bendición de mi Rey Pastor?

El aceite se menciona más de doscientas veces en la Biblia. Y la mayoría de las veces que se utiliza para ungir, puede aplicarse como metáfora de la presencia y la acción del Espíritu Santo en la vida de alguien. He aquí un ejemplo perfecto-1 Samuel 16:13. ¿Qué sucedió cuando David fue ungido con aceite?

Cuando Samuel ungió a David, ese acto indicaba que David había sido elegido y apartado para un servicio especial. En ese momento el Espíritu del Señor, el Espíritu Santo, vino sobre él. Así que no es difícil ver la unción de aceite del Salmo 23:5 como una imagen poética de la dulce presencia y acción del Espíritu Santo en nuestras vidas.

Bien, deja tu bolígrafo y siéntate a saborear tu café mientras te cuento un par de datos interesantes sobre las antiguas prácticas de ungir con aceite. Mientras lees, presta atención a cómo esto se aplica a tu vida.

En primer lugar, era costumbre honrar a los comensales ungiéndolos con aceite. El aceite de oliva se mezclaba con especias dulces y aromáticas. Cuando los invitados visitaban la casa de alguien, era hospitalario lavarles los pies y ponerles aceite en la cabeza. Cuanto más duraba la cena, más aceite caía sobre el pelo, las mejillas y el cuello, refrescando a los invitados y desprendiendo una agradable fragancia.

Segundo dato interesante: la práctica de la unción era utilizada por los pastores. Los piojos y otras plagas se adherían a la lana de las ovejas. Si esos bichos asquerosos se acercaban a la cabeza de la oveja, no solo era desagradable para ella, sino que podía ser muy peligroso. Si los bichos se metían en las orejas de las ovejas, podían matarlas. Horrible, ¿verdad?

Por eso, los buenos pastores vertían aceite en la cabeza de las ovejas para que su lana resbalara, creando un deslizamiento de insectos para proteger a las ovejas. En otras palabras, el pastor ungía la cabeza de la oveja con aceite para evitar la distracción y la destrucción.[2]

> Combinando estas prácticas antiguas con lo que has aprendido de las Escrituras sobre la unción con aceite y la metáfora del Espíritu Santo, ¿cómo explicarías ahora lo que significa para ti ser ungido con aceite por tu Rey Pastor?

Hermana, cuando Dios unge tu cabeza con aceite, Él te está honrando con la generosidad de Su bendición. Él está inundando tu vida con la plenitud de Su Espíritu. Te está recordando una vez más que Él te escogió, te protege y te llama Suya-usted le pertenece a su Rey Pastor.

> Lee Romanos 8:9 y Efesios 1:13-14 y describe cómo explican las Escrituras nuestra relación con el Espíritu Santo.

Recibimos el Espíritu Santo cuando recibimos a Cristo. Él nunca nos abandona. Nos sella. Pero como venimos a la mesa todos los días, también podemos recibir una nueva llenura del Espíritu Santo de Dios - el aceite fresco de la unción - todos los días. Eso no significa que vuelvas a recibir el Espíritu Santo cada día. Significa que tienes una renovada conciencia de Su presencia y poder para guiarte, fortalecerte, ayudarte obedecer y cumplir la voluntad de Dios. He aquí una buena manera de pensar en ello.

Busca Lamentaciones 3:22-23. ¿Qué reconoce Jeremías sobre las misericordias y la compasión de Dios?

Son «nuevas cada mañana». ¡Oh, gracias, Señor, por eso! ¿Está Jeremías agradeciendo a Dios por nuevas misericordias cada mañana porque Dios había quitado Sus misericordias y compasión la noche anterior? No.

Jeremías no está diciendo que perdamos la misericordia o la compasión de Dios. No desaparecen de nuestras vidas. Sino que cada día experimentamos de nuevo las misericordias de Dios, frescas y nuevas. Eso es ser ungido cada día con el aceite del Espíritu Santo. No perdemos al Espíritu Santo.

Cuanto más permanecemos en la presencia del Señor, sentados a la mesa que Él nos prepara, más conscientes somos de la presencia y el poder de Su Espíritu Santo en nuestras vidas.

Termina hoy dando gracias a Dios por Su unción. Y si hace tiempo que no experimentas la presencia y la acción del Espíritu Santo en tu vida, pídele a Dios una «unción» fresca, porque para eso Dios prepara esta mesa para ti: ¡para que te llenes hasta rebosar!

DÍA 4

MI COPA ESTÁ REBOSANDO

¡Hey, hey, hey! Ya estamos cerca del final de este versículo y de esta semana de estudio. Y todo este honor, bendición, alegría y celebración en la mesa es tanto que simplemente no puedes contenerlo. ¡Tu copa está llena hasta rebosar!

Es interesante que la Escritura no diga: «Aderezas una mesa delante de mí en presencia de mis angustiadores; unges mi cabeza con aceite; mi copa está medio llena». O, «Aderezas una mesa delante de mí en presencia de mis angustiadores; unges mi cabeza con aceite; mi copa está medio vacía».

> Si tuviera que elegir, ¿cuál de esas citas erróneas de las Escrituras le representa mejor y por qué?
>
> Medio lleno:
>
> Medio vacío:

Oh amiga, ninguna de nosotras es todo lo uno o lo otro. Todos tenemos nuestros días medio llenos y medio vacíos. Sin embargo, tenemos tendencias hacia uno u otro. Cuando el estrés me persigue, cuando estoy cansada, cuando hay conflicto entre mi esposo Phil y yo, fácilmente me convierto en una persona medio vacía. Sí, sin el Espíritu Santo, mi tendencia a ser el burrito de Winnie Pooh (Igor) gana.

He aquí por qué te lo digo. Puede que veas los videos de enseñanza de este estudio y pienses que soy una optimista natural medio llena todo el tiempo. No. En realidad, soy una optimista sobrenatural debido al tiempo de mesa con mi Pastor. Lo que estoy aprendiendo de este versículo es que medio lleno o medio vacío no existen. Hermana, ni optimismo, ni pesimismo, ¡solo abundancia!

Nuestras copas rebosan.

> Busca en un diccionario de sinónimos las palabras rebosar, *abundancia* y *desbordamiento*. Enuméralos a continuación.

Encontré palabras como desbordarse, rebosar, *derramarse*.

Desbordarse significa que tienes mucho, más de lo que puedes contener. La vida es abundante. Y esa es la intención de tu Pastor para ti, tanto si estás en un pasto verde, junto a aguas tranquilas o caminando por un valle oscuro.

Así que convirtamos esta poesía en algo práctico para que realmente sepamos cómo es este tipo de abundancia y desbordamiento. Lee cuidadosamente los siguientes seis versículos de la Escritura para discernir cómo estamos llenas y con qué nos desbordaremos. (Fíjate también en palabras como *abundar* y *rebosar*).

Y el Dios de la esperanza os llene de todo gozo y paz en el creer,
para que abundéis en esperanza por el poder del Espíritu Santo.
ROMANOS 15:13, LBLA

Mi copa rebosa:

Las Escrituras nos dicen que Dios nos llena de gozo y paz para abundar en esperanza. ¿Describe eso tu vida? Explícate

Si tienes poca esperanza, ¿cómo puedes conseguir que el gozo y la paz invadan tu vida?

Todo esto es por el bien de ustedes, para que la gracia
que está alcanzando a más y más personas haga abundar
la acción de gracias para la gloria de Dios.
2 CORINTIOS 4:15, NVI

Mi copa rebosa:

Las Escrituras nos enseñan que la gracia hace que abunde la acción de gracias. ¿Describe esto tu vida? ¿Por qué sí o por qué no?

¿Estás recibiendo la gracia que Dios te da? Explícate.

Si quieres rebosar de acción de gracias, pídele a Dios que te llene de Su gracia.

> Les tengo mucha confianza y me siento muy orgulloso de ustedes. Estoy muy animado; en medio de todas nuestras aflicciones se desborda mi alegría.
> **2 CORINTIOS 7:4, NVI**

Mi copa desborda:

Las Escrituras muestran que cuando estamos llenos de consuelo y aliento, desbordamos de alegría. ¿Describe eso tu vida? ¿Por qué sí o por qué no?

¿Necesitas más alegría? Explícate.

¿Cómo nos enseña este versículo que podemos recibir más alegría?

Pídele a Dios que te consuele y te anime para que desbordes de alegría.

> ... para que vuestra profunda satisfacción por mí abunde en Cristo Jesús por mi visita otra vez a vosotros.
> **FILIPENSES 1:26 (LBLA)**

Mi copa abunda:

Las Escrituras nos aseguran que cuando estamos llenos de Cristo, el regocijo abunda. ¿Describe eso tu vida? ¿Por qué sí o por qué no?

A veces la queja o el resentimiento se desbordan en lugar del regocijo. Así que, si necesitas aumentar el regocijo, ¿cómo te muestra este versículo que puede suceder?

Si quieres rebosar de regocijo, acerca tu silla a la mesa y pídele a Dios que te unja con Su Espíritu.

Y que el Señor os haga crecer y abundar de amor unos para con otros y para con todos, como también nosotros lo hacemos para con vosotros.
1 TESALONICENSES 3:12, LBLA

Mi copa abunda:

Las Escrituras nos enseñan que Dios nos hace abundar de amor. ¿Esto te describe a ti? ¿Por qué sí o por qué no?

Si el amor no abunda en ti, ¿cómo puede cambiar eso?

El amor no siempre es natural, pero siempre es sobrenatural. Pídele a Dios que te haga rebosar de Su amor.

Que rebosen mis labios de alabanza, porque tú me enseñas tus decretos.
SALMO 119:171, NVI

Mi copa rebosa:

Las Escrituras nos muestran que estar llenos de la Palabra de Dios nos hace rebosar de alabanza. ¿Esto te describe a ti? ¿Por qué sí o por qué no?

Si quieres rebosar de alabanza, basándote en este versículo, ¿qué puedes hacer para rebosar?

Oh amiga mía, cuando estamos en la mesa que Dios nos prepara, Dios nos llena hasta rebosar. Según las Escrituras, rebosaremos de amor, gozo, acción de gracias, esperanza, regocijo y alabanza. Tendremos muchas de esas cosas, en abundancia.

Así que mira tu vida. ¿Te caracterizan esas palabras? Cuando te sacuden los problemas, ¿se derraman esas cualidades y respuestas? Cuando tus planes se ponen patas arriba, cuando te derriban, cuando empiezas a temblar, ¿qué rebosa de tu copa? Solo lo que está dentro fluirá hacia fuera.

Tómate un tiempo con tu Rey Pastor para pensar y orar sobre esto. ¿Estás satisfecha con lo que fluye exteriormente en tu vida?

Me desborda:

Estoy llena de:

Me desborda:

Estoy llena de:

Me desborda:

Estoy llena de:

La palabra hebrea para rebosar en el Salmo 23:5 significa *saturado*. Y denota riqueza o satisfacción.³ Así que, cuando estemos saturadas de las cosas buenas de Dios, seremos ricas con Su Espíritu y verdad y estaremos plena y profundamente satisfechas. Seremos mujeres a las que no nos faltará nada.

Ese es el cuadro que Dios está dibujando para nosotras. Es como si dijera: *Lo que quiero darte es más grande de lo que puedes contener. Lo que quiero prodigar en tu vida es más de lo que puedes contener. Quiero llenarte de gracia, paz, gozo y de mi Palabra para que reboses de esperanza, amor y regocijo. Cuando sature tu vida con Mi bondad, estarás satisfecha.*

Tómate un tiempo para sentarte con tu Pastor. Toma una taza de café o té caliente y siéntate a la mesa con Él. Mientras bebes de tu taza, piensa en las bendiciones con las que Dios ha llenado tu vida. Lee Malaquías 3:10, Juan 10:10 y Efesios 3:20-21 para recordar el método de Dios para bendecir tu vida.

Agradece a tu Pastor por Su desbordamiento de bondad en tu vida.

> Dibuja la forma de una taza de café o de té y luego escribe por toda ella las bendiciones que has recibido de tu Pastor. Seguro que tendrás tantas que desbordarán el diseño de tu taza. ¡Dibuja una taza grande!
>
> Utiliza las siguientes Escrituras para guiar tu diseño: Génesis 27:28-29, 2 Samuel 22:3-4, Salmo 138:7, Isaías 41:10, Juan 1:16, Filipenses 4:19, Santiago 1:17.

> Animémonos unas a otras mientras damos gracias a nuestro Pastor por Su bondad. Toma una foto de algo que represente las bendiciones que llenan tu copa hasta rebosar y compártela en Twitter, Facebook o Instagram. Asegúrate de usar el hashtag #ESTUDIOSALMO23 e incluye tu agradecimiento a Dios por Sus bendiciones en tu publicación.

Hermana, ¡puedes beber de esa copa de bendición todos los días! La Biblia aramea en español sencillo traduce esta frase: «Mi copa rebosa como si estuviera viva».[4] ¡Me encanta!. Es como si la copa vibrara con anticipación, abriéndose de par en par para contener todo lo que se vierte en ella.

Así que extiende y levanta la copa de tu vida y pídele a Dios que te siga llenando.

Amiga, no te conformes con menos de todo lo que Dios quiere darte. Dios ha preparado una mesa delante de ti, y te ha puesto a salvo aquí, frente a tus enemigos. Puedes tener confianza porque El te ha ungido. No traigas una pequeña taza *Dixie*® a la mesa que Dios prepara para ti. Trae una taza tamaño gigante *Big Gulp*®, y levántala hacia tu Rey Pastor. Pídele que la llene con las bendiciones de Su mesa y la plenitud de Su Espíritu. Él te ha traído hasta aquí, así que bebe de Su bondad hacia ti. ¡Prepárate para *disfrutar*!

Bueno amiga, ¡el versículo 5 es una envoltura!

Este versículo realmente me convence de disfrutar más de mi Pastor, de recibir Su bendición sin reservas y de anticipar Su honor y Su ministerio de gracia en mi vida. Estoy muy contenta de que estemos aprendiendo esto juntas y de que algún día tú y yo estaremos sentadas en una mesa juntas en la cena de las bodas del Cordero (Apoc. 19:6-9). ¡Estoy segura de que habrá servilletas de tela y café!

Señor, deléitanos con la abundancia de Tu casa. Que bebamos hasta saciarnos del río de Tus delicias. Amén (Sal. 36:8).

Que el Espíritu de Dios te siga guiando hacia la verdad.

DÍA 5

DÍA DE LOS PASTOS DELICADOS:
UN DÍA PARA DESCANSAR Y DIGERIR

> Aderezas mesa delante de mí en presencia de mis angustiadores;
> unges mi cabeza con aceite; mi copa está rebosando.
>
> **SALMO 23:5**

Mientras aprovechas este día para hacer algo que te ayude a digerir lo que has aprendido esta semana, considera que el Salmo 23:5 nos ayuda a entender el Principio de Protección: **Experimentas confianza y consuelo gracias al cuidado de tu Pastor.**

En tu Día de los Pastos Delicados, mientras descansas, oras, escribes en tu diario, dibujas, adoras o reflexionas, aquí tienes algunas cosas a tener en cuenta:

Pasajes bíblicos que quiero recordar de esta semana:

Citas que me han gustado de esta semana:

Observaciones de esta semana: Provisión, Protección, Presencia y Deleite.

Hay algunas canciones, realmente, estupendas que nos ayudan a confirmar y disfrutar de los momentos de la mesa con el Señor.
Echa un vistazo a mi lista de reproducción del Salmo 23 para el versículo 5 en JenniferRothschild.com/Psalm23, ¡y úsalo para llenar tu copa!

Gracias, Señor, por poner la mesa solo para aquellos que creen en tí y llenar nuestra vida de bendiciones.

SESIÓN DE GRUPO 6

ANTES DEL VIDEO

Bienvenida y oración

NOTAS DEL VIDEO

En hebreo *lo* es una negación que significa «_____».

Debar puede traducirse como «_____» o «_____». *Debar* significa
«_____ de _____».

Dos cosas que ocurrirán en la mesa de nuestro Rey

1. _____

2. _____

Nuestro Rey Pastor nos reserva un sitio en la mesa y nos dice, «¡_____
_____!»

Dios nos prepara un lugar en Su mesa. Y elige _____ con nosotras y
_____ por amor a Jesús.

El significado hebreo de *ungido* es «ser _____ _____».

Cuando se servía la mesa del Rey, nunca había una copa _____.

Muchas de nosotras necesitamos aprender a _____ _____ todo lo
que Dios quiere darnos.

El significado hebreo de *rebosar* es «_____».

Todo lo que tu Pastor quiere darte, puedes tener la oportunidad de dárselo
a _____.

GUÍA DE CONVERSACIÓN
Video 6

DÍA 1: ¿Cuáles son algunas de tus experiencias favoritas a la hora de comer con amigos y familiares?

¿Qué hacía que esos momentos sean tan especiales?

¿Cómo ves la «mesa» de Dios evidente en tu vida?

Comparte algunas maneras en el que has contemplado la provisión, protección, presencia y bendición de Dios durante esta semana.

DÍA 2: ¿Alguna vez has considerado a la gente como tus enemigos, perdiendo de vista quién es el verdadero enemigo?

Explica.

¿Cómo te ataca el enemigo? ¿En qué áreas de tu vida eres más vulnerable ante sus ataques? ¿Cómo has visto al Señor obrar poderosamente para darte la victoria sobre el enemigo?

DÍA 3: ¿Cómo te ha apartado y consagrado el Rey Pastor?

¿Dónde has visto la obra del Espíritu Santo en tu vida?

DÍA 4: ¿Cómo está haciendo Dios para que tu copa rebose de amor, gozo y acción de gracias? ¿Y cómo ves que eso salpica a las personas con las que te relacionas?

DÍA 5: ¿Comparta algunos de los momentos más destacados de tu Día de los Pastos Delicados.

¿Cuál es la verdad más significativa que te llevas de esta semana de estudio?

Para recordar y resumir la enseñanza, obten los videos que se pueden obtener en la parte posterior del libro.

SEMANA 6

TU PASTOR TE LLEVA A CASA

Ciertamente el bien y
la misericordia me seguirán todos
los días de mi vida, y en la casa de
JEHOVÁ moraré por largos días.

SALMO 23:6

#ESTUDIOSALMO23

DÍA 1

Hola, amiga. Empezaré con una confesión. Hay pocas cosas más satisfactorias para mí que estar justo en medio de la lectura de un gran libro. También hay pocas cosas más decepcionantes para mí que estar en el último capítulo de un gran libro. Iré más despacio solo para que dure más porque nunca quiero que un buen libro termine. Eso es exactamente lo que siento al estudiar el Salmo 23 contigo. ¡No quiero que termine!

Este es el versículo final del Salmo 23 (inserta aquí un profundo suspiro de tristeza). David ha llegado a esta conclusión después de viajar por los delicados pastos, por la senda de justicia, a través de valles oscuros y en la sala del banquete de Dios. Mira hacia atrás en tu vida y, al mismo tiempo, mira hacia adelante. Afirma que la bondad y la misericordia de Dios te han seguido y te seguirán todos tus días. Y esta semana, ¡eso es lo que haremos nosotras también! Pero intentemos ir más despacio y hacer que dure el mayor tiempo posible, ¿de acuerdo?

Pondremos nuestra atención en palabras y frases específicas de este versículo para ayudarnos a comprender la profundidad de esta promesa.

PALABRA 1: CIERTAMENTE

¿Cuántas veces has oído citar este u otro versículo, o frase que empiece con «ciertamente»? Esta es una pequeña palabra que puede tener un gran impacto en la forma en que vivimos, así que no quiero que lo pasemos deprisa.

Ciertamente, en el hebreo original, es lo que se llama una partícula adverbial. Sé que suena como algo raro que existe en la superficie de tu alfombra. Sin embargo, en hebreo, esa parte de la oración denota una afirmación muy fuerte y positiva de la verdad. La palabra hebrea para ciertamente también se traduce como: seguramente, completamente y solamente. Son palabras fuertes y enfáticas, ¿verdad? No dejan mucha duda de que lo que sigue es una verdad inflexible, inalterable, no negociable.

Cuando David miró hacia atrás en su vida y hacia adelante en su futuro, se asentó en la verdad de que solo dos cosas le habían seguido y le seguirían. Estaba seguro de que era completamente cierto que solo la bondad y la misericordia lo seguían.

¿De verdad? ¿Solo la bondad y la misericordia le seguían?

Piensa en lo que sabes sobre la vida de David. ¿Qué más podría haberle seguido?

Lee detenidamente 2 Samuel 11:1-12:23. A partir de esta historia, vemos que David podría fácilmente haber tenido una larga cadena de culpa y vergüenza siguiéndole todos los días de su vida. Enumera las razones y los versículos que lo confirman en el espacio proporcionado.

RAZONES DE CULPA Y VERGÜENZA

REFERENCIA	RAZÓN

La culpa, la vergüenza y el dolor de la aventura de David con Betsabé (el asesinato de su marido) y la muerte de su bebé podrían haberle atormentado toda su vida. Recuerda que David probablemente escribió este salmo siendo un hombre mayor, después de haber vivido muchas temporadas. Así que seguramente las revistas de chismes israelíes nunca olvidaron sus pecados y errores, y probablemente volvían a hablar de ellos después de cada victoria o derrota.

Pero el mismo David que tenía semejante currículum de vergüenza era el mismo David que escribió que *solo* le seguirían la bondad y la misericordia. ¿Cómo pudo decir eso con su historial pecaminoso? ¿Es porque se tomaba su pecado a la ligera? ¿O tal vez simplemente presumía de la gracia de Dios? ¿Qué opinas?

La clave de la declaración de David en el versículo 6 del Salmo 23 quizá se encuentre en su súplica del Salmo 51.

Lee el Salmo 51, teniendo en cuenta que esta fue la respuesta de David después de ser confrontado por su pecado con Betsabé. Mientras lees el salmo, haz una lista de las peticiones directas que David hizo a Dios. (Pista: busca las palabras «yo» y «mí» para empezar. Yo encontré catorce).

Peticiones del Salmo 51:

David confesó, se arrepintió y pidió a Dios limpieza y restauración. Basándonos en 1 Juan 1:9, ¿cómo respondió Dios a la petición de David?

David confesó. Dios limpió.

Cuando David miró atrás en su vida, no vio su pecado; vio la misericordia de Dios. Cuando miró atrás, no vio su vergüenza; vio la bondad de Dios. Dios borró su pecado y creó en él «un corazón limpio» (Sal. 51:10). Su Pastor le devolvió la alegría de su salvación. El Señor renovó en él un espíritu recto y lo libró de la culpa.

Donde hubo culpa, ahora solo hay bondad.

Donde hubo errores, ahora solo hay misericordia.

Mira de nuevo la lista que hiciste del Salmo 51. Coge un bolígrafo permanente y escribe una de las siguientes palabras sobre cada una de las peticiones de David: *bondad, misericordia, limpiado* o *perdonado*. Puedes elegir la palabra que gustes y, por supuesto, ¡siéntete libre de repetirlas una y otra vez! Haz una pausa y examina cómo la bondad y la misericordia de Dios cubrieron todo el pecado y la culpa del pasado de David y ahora cubren las tuyas.

Cuando miras tu vida, ¿qué te sigue? ¿Ves senderos de bondad y misericordia como David? ¿O solo los recuerdos polvorientos de la culpa y la vergüenza? Explica.

¿Recuerdas a *Pig-Pen*, el amigo de *Charlie Brown* con problemas de higiene? Era conocido por su mono siempre sucio y esa nube de suciedad y polvo que le seguía a todas partes. Por mucho que lo intentara, el pequeño *Peanut* no conseguía quitarse de encima esa niebla de mugre que le seguía todos los días de su vida.

Bueno, como *Pig-Pen*, una nube de suciedad puede seguirnos fácilmente si se lo permitimos. Pero hermana, esa no tiene por qué ser nuestra historia. Considera tu vida. ¿Hay una neblina perpetua de vergüenza y culpa que te rodea, que te sigue? Haz una pausa aquí con tu Pastor y ora sobre esto.

Te daré algunas indicaciones para que ores o escribas en tu diario o en el espacio debajo. ¡Sé honesta con tu Pastor!

La vergüenza que me persigue es …

La culpa que no puedo quitarme de encima se debe a …

El pecado que no he confesado es …

El pecado que Dios me ha perdonado pero que no puedo perdonarme es …

El error que me pesa es ...

> La bondad y la misericordia deben seguirnos, no la vergüenza y la culpa. Solo bondad y misericordia. Tu pecado pasado no tiene que seguirte. Déjalo clavado en la cruz de Cristo y enterrado bajo la gracia de Jesús.

Revisa tus respuestas y luego vuelve a leer tu lista de peticiones del Salmo 51 para recordar el anhelo de tu Pastor contigo: perdón, limpieza, bondad y misericordia. Si escribiste tus respuestas en un diario, vuelve a sacar el bolígrafo permanente y escribe sobre ellas *bondad*, *misericordia*, *limpieza* o *perdón*. Tómate un tiempo con tu Pastor. No sigas adelante hasta que hayas recibido Su perdón, restauración, bondad y misericordia.

¡Alerta de honestidad! Estoy de acuerdo con esta verdad, la celebro y confío en ella. Sé que soy perdonada. Sé que estoy limpia. Sé que soy amada. Sé que Él ha sido bueno y misericordioso conmigo.

Y luego, lamentablemente, mañana por la mañana cuando me despierte, ¡zas! la culpa y la vergüenza se despertarán en mí, acelerados y listos para seguirme otro día a todas partes. El pecado que Dios ha olvidado, yo empiezo a recordarlo. La culpa que Dios eliminó, ¡intento recuperarla! ¿Te pasa esto a ti?

Entonces, ¿cómo lo hacemos realmente, no solo en la página de un estudio bíblico, sino en nuestras vidas reales e imperfectas? ¿Cómo desechamos la culpa y la vergüenza para que solo nos acompañen la bondad y la misericordia?

En primer lugar, siempre debemos ir a las Escrituras para responder como lo hizo David. No hay sustituto. Si hay culpa por el pecado, arrepiéntete. Si hay vergüenza, ¡repréndela! Mantén la verdad de las Escrituras siempre ante ti. He aquí algunos versículos para seguir adelante.

Lee los siguientes versículos y escribe la verdad en la que podrás mantenerte firme.

2 Corintios 5:17

Gálatas 2:20

Filipenses 3:13-14

1 Juan 1:9

Hebreos 12:1-2

Hermana, no hay fórmula; solo hay fe. Así que apóyate fuerte en tu Pastor y confía en Su voz.

Y si eres como yo y te gusta verlo en lenguaje coloquial, te voy a contar una cosa práctica que hago. Puede que sea ciega, pero pienso en imágenes. Así que aquí está la imagen que imagino que me ayuda a ver esta verdad.

Cuando me despierto por la mañana, imagino que la bondad y la misericordia me esperan en la puerta de mi habitación para seguirme y comenzar mi día. Pienso en ellos como perros pastores ansiosos, jadeando de emoción y listos para seguirme, empujándome hacia adelante. Es como si no pudiera salir por la puerta sin que ellos me pisen los talones.

Incluso si no quieres que la bondad y la misericordia te acompañen, ¡qué pena! Tropezarás con ellas para salir por la puerta; te pisarán los talones, te guste o no.

Inténtalo. Si notas que la vergüenza o la culpa intentan volver a apoderarse de ti, detente. Quiero decir, literalmente, si estás caminando, detente y di la verdad en voz alta: «¡Solo, como s-o-l-o, la bondad y la misericordia me seguirán hoy!». Yo lo he hecho, y hermana, ¡lo seguiré haciendo porque me funciona!

> ¿Y tú? ¿Cuáles son las prácticas que haces para dejar a un lado la culpa y la vergüenza para que solo la bondad y la misericordia te sigan? Aprendamos unas de las otras. Compártelo con tus compañeras de estudio bíblico y pregúntales qué hacen ellas también. Incluso puedes compartirlo en las redes sociales; asegúrate de usar el hashtag #ESTUDIOSALMO23.

Oro para que el tiempo que pasaste hoy con tu Pastor te haya reconfortado, afirmado y liberado, porque Él siempre te está guiando por el camino de la rectitud.

Terminemos hoy descansando en la Palabra de Dios.

> Lee el Salmo 103 y medita en la compasión, el perdón, la misericordia y el amor de Dios por ti.

Mañana nos centraremos en qué es exactamente esta bondad y misericordia, ¡y te animarás mucho!

Hasta entonces, «¡Nunca permitas que la lealtad y la fidelidad te abandonen!. Átalas alrededor de tu cuello como un recordatorio; escríbelas en lo profundo de tu corazón» (Prov. 3:3, NTV).

DÍA 2

Bueno, espero que ayer hayas experimentado cómo la bondad y la misericordia de Dios te rodean. Hay mucho y mucho más en este versículo. Hoy, veremos tres palabras más en el versículo 6, comenzando con bondad.

PALABRA 1: BONDAD

Busca la definición de bondad en el diccionario y anótala:

Bondad significa *lo que es agradable, valioso o útil.* Y en el original hebreo, *bondad* significa *algo bueno, beneficio o bienestar.*

Complete la frase siguiente sin utilizar la palabra *bondad*. En su lugar, utilice palabras de las definiciones en español y hebreo.
«[Solo]_____y la misericordia me seguirán todos los días de mi vida».

David está diciendo que solo lo que es valioso, agradable, útil, beneficioso y para nuestro bien nos seguirá todos los días de nuestra vida. Hmmm-piénsalo por un momento.

¿Todas las experiencias de tu vida han sido buenas, beneficiosas o útiles?

Piensa en una situación o circunstancia de tu pasado que no te pareció del todo buena en su momento. ¿De qué se trataba?

¿Cuáles fueron tus pensamientos y emociones durante esa experiencia?

¿Recibiste algún valor o beneficio de esa situación o circunstancia no tan buena mientras estabas en medio de ella? Explica.

¿Has recibido algo beneficioso o útil a lo largo del tiempo? En caso afirmativo, ¿qué?

Ahora haz una pausa y mantén esos pensamientos.

PALABRA 2: MISERICORDIA

Misericordia significa *compasión, disposición a ser amable, perdonador y mostrar gran bondad.*

En hebreo, la *misericordia* puede describirse como *bondad amorosa.*

Así que escribe la frase de nuevo, utilizando palabras de las definiciones de misericordia:

«[Solo]_____ y _____ me seguirán todos los días de mi vida».

Piénsalo un momento.

¿Todas las experiencias de tu vida hasta ahora han estado llenas de bondad, compasión, perdón o amor?

Piensa en una situación o circunstancia pasada que no se caracterizó por la bondad amorosa. ¿Cuál fue?

¿Cuáles fueron tus pensamientos y emociones durante esa experiencia?

¿Has experimentado una comprensión más profunda de la compasión o el amor bondadoso ahora que las circunstancias duras, desagradables o despiadadas han quedado en el pasado? Si es así, ¿cómo?

Ahora bien, detengámonos un momento y consideremos cómo es la bondad y la misericordia de Dios cuando lo que experimentamos no siempre es bueno. Sírvete un poco de café o té.

¿Tú o las personas que te rodean han dicho alguna vez la frase «No pasa nada»? Por ejemplo, si alguien tropieza y se golpea en la acera y le preguntas: «¿Estás bien?». Te responde: «¡No pasa nada!». Evidentemente, no está tan bien si tiene la nariz ensangrentada y el orgullo herido, pero sigue diciendo: «No pasa nada». ¿Por qué crees que lo hacen?

Oh amiga, hay un montón de razones incomprensibles por las que los humanos usamos esa frase. Pero creo que es un deseo hablado de un resultado futuro esperanzador más que de la realidad presente. Queremos creer desesperadamente que todo acabará funcionando para bien, aunque en este momento no sea inherentemente bueno.

Construyamos un caso bíblico para este pensamiento. Utilizaremos al apóstol Pablo como caso de estudio.

Lee 2 Corintios 11:24-27 y describe las experiencias no tan buenas de Pablo.

Lee Filipenses 1:12-14 y describe lo bueno que surgió de lo no tan bueno de Pablo.

Lee Romanos 8:28 y describe la conclusión de Pablo sobre por qué todo lo no tan bueno sigue siendo bueno.

Haz una pausa en tu argumentación para aclarar las cosas. La traducción más exacta de este versículo es «Dios hace todas las cosas para bien», no «todas las cosas se ayudan entre sí para bien». Nuestro Pastor es Aquel que usa todo para el bien: nuestro bien, el bien de los demás y para Sus buenos propósitos.

Lee Filipenses 2:13 para afirmar esta verdad.

Bien, casi hemos terminado. Encuentra Romanos 8:35-39, y describe por qué solo la bondad y la misericordia nos seguirán.

Nada te separa de la bondad y la misericordia de tu Pastor. Incluso lo no tan bueno en Sus Manos se convierte en bueno. Puedes mirar tu vida a través del lente de «solo bondad y misericordia» y esa perspectiva cambia cómo ves las circunstancias de tu vida.

Entonces, ¿cuál es la conclusión de tu estudio de caso? Puesto que la bondad y la misericordia son enfáticas y no negociables y te siguen en cada situación y temporada de tu vida, ¿qué dice eso de tus situaciones y temporadas no tan buenas?

Quizá todas necesitemos decir «¡todo va bien!» debido a las razones correctas, ¿no?

Todo es bueno gracias a nuestro buen Pastor. Vaya, tengo que hacer una pausa aquí mismo para alabar. El Señor es nuestro Pastor, verdaderamente nada nos faltará. Bien, hermana, no hemos terminado todavía. Una palabra hebrea más antes de terminar.

PALABRA 3: SEGUIR

Esta palabra *seguir* es una palabra hebrea muy específica. Si no entendemos el verdadero significado de esta palabra, podemos malinterpretar la acción de Dios hacia nosotras. Podríamos pensar que *seguir* significa *quedarse atrás y nunca alcanzarnos*, como un adolescente que no quiere que lo vean con su mamá en el centro comercial. Si la bondad y la misericordia de Dios nos siguieran de esa manera, no sería muy reconfortante ni alentador, ¿verdad? Tendrías que reescribir el versículo: «Ciertamente, la bondad y la misericordia se quedarán detrás de mí y ningún día de mi vida me alcanzarán».

Afortunadamente, *ese no es* el verdadero significado de la palabra. La palabra hebrea para *seguir* es *râdaph* que significa *buscar, seguir* y *vigilar de cerca*.

> Ahora escribe el versículo una vez más, sustituyendo la palabra seguir por las definiciones del hebreo. (Incluye las definiciones de bondad y misericordia que ya utilizaste).
>
> «[Solo] _____ y _____ me
>
> _____ todos los días de mi vida».

Amiga, Dios nos busca y nos busca con Su bondad y misericordia cada día de nuestras vidas. Permíteme enseñarte cómo se ve esto a través de una ilustración.

Ven a la cocina conmigo y te lo enseñaré. Siempre alrededor del mediodía tomo un trozo de queso en tiras de la nevera, cierro la puerta y, por lo general, suelo abrir ese tubito de mozzarella para poder tirar la envoltura. En cuanto Lucy oye que se rompe la envoltura, me empieza a pisar los talones. Suelo tomar unas galletas de la despensa, intentando no tropezar y luego me dirijo a la mesa de la cocina con el queso aún en la mano y un plato desechable metido bajo el brazo.

Si dejo de caminar de repente, su pequeña nariz húmeda se clava en mi pantorrilla. No puedo dar un paso sin que ella lo dé, justo detrás de mí, sin retroceder ni un ápice hasta que el queso se acabe. ¡Lucy me sigue en una búsqueda constante y dedicada! Amiga, si tengo queso, tengo a Lucy buscándome todos los días de mi vida.

Del mismo modo, la bondad y la misericordia del Pastor te siguen. ==Dios está siempre contigo y para ti. Te busca con Su bondad y Su amor.== ¿Necesitas detenerte para sentir que la bondad y la misericordia te siguen? A veces corremos tan deprisa intentando escapar de nuestros problemas o de nuestra vergüenza que no frenamos lo suficiente para recibir y experimentar la bondad y la misericordia que más necesitamos.

La bondad de Dios no es solo Su respuesta a nuestra culpa. Es Su remedio para nuestro desaliento. Podemos estar animados de que Él tomará todo lo no tan bueno y lo trabajará para el bien. Oh amiga mía, cuando recibes la bondad y la misericordia, experimentas Romanos 8:28. Todo estará bien.

> Y sabemos que para los que aman a Dios, todas las cosas cooperan para bien, esto es, para los que son llamados conforme a su propósito.
> **ROMANOS 8:28, LBLA**

Aunque todas nuestras definiciones en hebreo y español describen lo que son la bondad y la misericordia, esas palabras también describen quién es Dios. Él es bueno. Él es misericordioso. Y Él es tu Pastor. Tómate un tiempo con las definiciones de *bondad* y *misericordia* en mente para alabar y agradecer a tu Pastor por quién es Él y quién es Él para ti.

Oh amiga mía, Dios no solo te da misericordia. Él es misericordia.

Él no solo responde con bondad. Él es la bondad.

No puedes correr más rápido que Su bondad hacia ti. No puedes correr tan rápido que la misericordia, Su bondad, no te alcance. Así que ve más despacio y recíbela.

Ahora sí, hermana, ¡hasta mañana!

Utilizar las Escrituras para orar y alabar me ayuda a mantenerme centrada. Medité en Éxodo 33:19 y 34:6 mientras escribía esta sección del estudio. Utiliza este espacio para escribir algunos versículos que el Señor te traiga a la mente mientras haces una pausa para agradecer a Dios por lo que Él es.

DÍA 3

TODOS LOS DÍAS DE MI VIDA

«Como la arena a través del reloj de arena, así son los días de nuestra vida»[1] (música de la telenovela *Cuecheesy*). ¡No he podido resistirme! Cuando estaba en la universidad, mi compañera de cuarto diseñó todo su horario de clases en torno a esa telenovela. No quería perderse ni un episodio. Mi dulce abuela me decía que muchas de las telenovelas parecían narrar sus «historias». Ella tenía que ver sus historias todos los días mientras comía una merienda y bebía una gaseosa. ¡No podías interrumpir a mi abuela cuando emitían sus «historias»!.

El Salmo 23 es una historia. Tu historia y la de tu Pastor, todos los días de tu vida. Piensa en este salmo como en una serie de episodios. Los guionistas de una de las telenovelas de mi abuela habrían creado un guion gráfico para cada episodio. Un guion gráfico es una representación gráfica de cómo se desarrolla el episodio, plano a plano. Se compone de una serie de ilustraciones junto con notas o diálogos para mostrar lo que sucede en la escena, algo así como una tira cómica con varias escenas.

> Así que quiero que dibujes tu propio guion gráfico de este salmo. Aunque tengas poca o ninguna habilidad artística y tengas que usar figuras de palitos, dibuja dentro de la serie de recuadros de abajo para ilustrar cada escena del salmo.

VERSO 1

VERSO 2

VERSO 3

VERSO 4

VERSO 5

VERSO 6

¿Qué opinas sobre dónde está tu Pastor en las primeras escenas? ¿Dónde está? ¿Dónde parece estar Él en el versículo 6?

¿Qué te muestra esto sobre dónde estás tú y dónde está Dios?

En cada escena, cada día de tu vida, Dios está contigo: delante de ti, a tu lado y detrás de ti. El Pastor está contigo. Hermoso, ¿verdad? (Me refiero a que la verdad es hermosa, no necesariamente tu obra de arte, ¡ja, ja, ja!)

Ahora vamos a escribir una especie de guion para tu guion gráfico. Será tu historia personal. Utiliza los versículos que aparecen a continuación junto con los 6 versículos del Salmo 23 para comunicar la narración del Salmo 23. Reformula los versículos en primera persona, tú hablando de o a tu Pastor. (Te he dado el mío como ejemplo).

GUIONES/COMIENZOS DE HISTORIA:

VERSO 1: Combina Salmo 23:1 con Nahúm 1:7

VERSO 2: Combina Salmo 23:2 con Salmo 16:8

VERSO 3: Combina Salmo 23:3 con Jeremías 6:16a

VERSO 4: Combina Salmo 23:4 con Isaías 58:8 y Salmo 5:12

VERSO 5: Combina Salmo 23:5 con Salmo 3:3

VERSO 6: Combina Salmo 23:6 con el Salmo 125:2

AQUÍ ESTÁ MI GUION / HISTORIA:

VERSO 1: El Señor, mi Pastor, es tan bueno. Nada me falta porque Él es un refugio para mí en todo tiempo, pero especialmente en tiempos de angustia.

VERSO 2: Dios me cuida cuando confío en Él. Mantengo mis ojos en Él; Él siempre está delante de mí, guiándome a pastos verdes y aguas tranquilas. Él permanece a mi lado, y por eso no seré conmovida.

VERSO 3: Cuando me encuentro en la encrucijada, sin estar segura del camino, Dios me muestra la senda. Camino por Él y encuentro descanso para mi alma.

VERSO 4: Incluso cuando la vida es oscura, el Señor me bendice. Él me rodea con Su favor y Su gloria me guarda. Me cubre la espalda. Me consuela y no tengo miedo.

VERSO 5: Cuando estoy ante mis enemigos, mi Pastor me bendice y me protege como un escudo a mi alrededor. No necesito agachar mi cabeza en vergüenza porque Él levanta mi cabeza en alto.

VERSO 6: Y finalmente, como los montes rodean a Jerusalén, Dios, mi Pastor, me rodea a mí, y me ha rodeado ahora y para siempre. Habitaré en Su casa para siempre.

Independientemente de los detalles específicos que pueda incluir tu guion gráfico personal, las verdades de este guion de las Escrituras permanecen y representan la verdad de tu historia. Tu Pastor está a tu lado, detrás de ti, delante de ti, por ti y contigo todos los días de tu vida.

Tal vez quieras tomar una foto o imprimir tu historia y ponerla en un lugar donde la veas a menudo. Esto te ayudará a recordar la bondad, la misericordia y el cuidado constante de tu Pastor.

Piensa que entretejer las Escrituras para crear un guion podría llevar un poco más de tiempo, así que eso es lo que vamos a hacer hoy. Termina tu tiempo con tu Pastor repasando cada escena de tu historia. Quizá quieras volver a mirar el libro y repasar las citas y los versículos que escribiste en tus «Días de los pastos delicados» para que te ayuden a situarte de nuevo dentro de cada versículo, de cada escena. Quédate con tu Pastor y pídele al Espíritu Santo que te recuerde la verdad.

Amiga, ¿te das cuenta de que la bondad y la misericordia invaden cada escena de tu historia? La bondad y la misericordia te siguen todos los días de tu vida, hasta la casa del Señor. Pronto correremos a Su casa, pero hoy corre a Su corazón, a Él. Deja que Su bondad y Su misericordia te rodeen.

Gracias, Señor, porque en cada escena de nuestras historias Tú eres el protagonista. Ayúdanos a reconocer claramente Tu presencia todos los días de nuestra vida. Amén.

DÍA 4

Y EN LA CASA DE JEHOVÁ MORARÉ POR LARGOS DÍAS

Bueno, este es el último día que pasaremos juntas, amiga mía. Tengo mi café. Estoy sentada en la misma mesa de la cocina donde empezamos el estudio, y pienso en lo mucho que amo este salmo, en lo mucho que amo al Pastor de este salmo, y en lo mucho que te amo a ti, mi hermana oveja. Estamos juntas en este rebaño. Hoy terminaremos en la casa del Señor. No es un mal lugar para terminar, ¿eh?

Abre tu Biblia y relee todo el salmo. Este último versículo del Salmo 23 dice que «habitaremos en la casa del Señor para siempre» (v. 6, NVI). *Para siempre.* Así que antes de examinar realmente cómo el habitar en la casa del Señor influye en nuestro futuro, pensemos en cómo el habitar en la casa del Señor influye en nuestro aquí y ahora.

> ¿En qué piensas cuando oyes las palabras «casa del Señor para siempre»?

Puede que hayas pensado en palabras como *eterno* o *sempiterno*. Pero apuesto, espero, que hayas pensado en una de mis palabras favoritas: *cielo*.

> ¿Alguna vez has pensado en el cielo? ¿Piensas mucho en ello? ¿Debería hacerlo?

Veamos cuánto se menciona en la Escritura acerca del cielo para ayudarnos a saber cuánto deberíamos hacerlo nosotras. Haz una búsqueda por palabras o por temas sobre el cielo y recopila razones bíblicas por las que pensar en el cielo es beneficioso, alentador e importante. He incluido algunos puntos de partida bíblicos para que te pongas en marcha.

PASAJES BÍBLICOS	¿POR QUÉ PENSAR EN EL CIELO?
Isaías 25:8-12	
Jeremías 50:5	
Juan 14:2-4	
Filipenses 3:20	
Colosenses 3:2	
Apocalipsis 22:1-5	

Contemplar el cielo nos ayuda a anticiparnos a nuestra morada celestial. El cielo es nuestro hogar, el lugar que Jesús prepara para nosotras, donde no hay lágrimas, ni maldición, ni noche. El cielo es el lugar de nuestra verdadera ciudadanía, el lugar donde podemos mirar al rostro de nuestro Pastor y servirle para siempre. Es nuestra esperanza y nuestra realidad. Y hermana, hay algunos días en los que pensar en el cielo es lo que me hace seguir adelante. Me ayuda a mantener una perspectiva correcta.

Ya he sido sincera contigo sobre mis desafíos que enfrento en mi ceguera, así que estoy segura de que no te sorprenderá saber que hay algunos días en los que lucho contra el desánimo. Pero son esos días en los que más me centro en el cielo.

Amiga mía, sé que tú también atraviesas por esos días. Las dificultades, la tristeza y la injusticia de la vida, pueden llegar a ser muy desalentadoras. Tal vez en esos días también necesites dirigir tus pensamientos al cielo. Recuerda que esta tierra no es tu destino final. La vida terrenal es corta, pero la celestial es eterna. La bondad y misericordia que nos siguen ahora es la misma que nos acompañará hasta llegar a nuestro hogar celestial.

Por eso, incluso ahora, podemos poner nuestra mente en el cielo y en las cosas de arriba. Cuando lo hacemos, los asuntos terrenales que nos parecen tan grandes se vuelven del tamaño correcto a la luz de la eternidad.

Poner tu mente en tu hogar definitivo te animará cuando tu valle sea oscuro o tu camino sea pedregoso.

Una forma práctica de hacerlo es leyendo lo que dice las Escrituras sobre el cielo, como en 1 Tesalonicenses 4:16-18. (Debido al ejercicio anterior, ¡tú también tienes tu propia lista de Escrituras sobre el cielo! Y he creado mi propia lista de reproducción sobre el cielo. (Puedes encontrarla en JenniferRothschild.com/Psalm23).

Pero, ¿es el cielo lo mismo que «la casa del Señor» aquí en el Salmo 23:6? ¿Se refiere David concretamente a nuestro hogar eterno? Para averiguarlo, tenemos que entender lo que las Escrituras nos enseñan sobre «la casa del Señor».

Busca otros versículos en los que aparezca *casa del Señor*. (También puedes buscar *casa de Jehová* y *casa* o *morada del Señor*). He incluido algunos versículos para que empieces.

Salmo 15:1-2 • Salmo 84 • Salmo 122:1 • Eclesiastés 5:1
Lucas 2:49 • 1 Corintios 3:16 • _____
_____ • _____ • _____

¿Cómo responden los versículos citados a las siguientes preguntas?
¿Qué es la casa del Señor?

¿Dónde está?

¿Cómo una persona puede morar en la casa del Señor?

¿Quiénes morarán en la casa del Señor?

¿Es un edificio?

Probablemente, encontraste una variedad de versículos que eran más confusos que clarificadores acerca de lo que es exactamente la casa del Señor. Es comprensible, ya que hay contextos diferentes en los pasajes bíblicos encontrados. Algunos versículos apuntan a un espacio físico como el tabernáculo o el templo. Otros versículos dan la impresión de que tal vez no es solo un lugar físico. Tal vez sea el cielo. Y el Nuevo Testamento nos dice que nosotras mismas, cuando nacemos de nuevo, ¡somos el templo del Espíritu Santo!

Pero todos esos versículos tienen algo en común. Piensa qué es y anota tus ideas.

Lo que hace que la casa del Señor, templo, tabernáculo o cualquier otro lugar sea una morada del Señor es Dios mismo-Su presencia. La presencia de Dios es santa y llena de gloria, así que eso hace que el lugar donde Él mora esté lleno de gloria. Algunos de los versículos sugieren que nadie puede acercarse o morar en la casa del Señor sin pureza y humildad. Todas las referencias dejan claro que Dios reina y que debe ser honrado en Su casa.

Si lo resumimos, «morar en la casa de Jehová» significa estar en la presencia de Dios. Y no hay nada ni ningún lugar más satisfactorio que estar en Su presencia. Es como estar en el cielo, ¿verdad?

Parece, hermana, que no solo algún día habitaremos en la casa de Dios, sino que podemos habitar en ella desde aquí y ahora mismo, mientras permanecemos con nuestro Pastor.

Lee el Salmo 27:4. ¿Cuál era la petición de David?

¿Tienes la misma petición? Explica.

Lee este versículo varias veces y medítalo. Ora al Señor. Luego, piensa o escribe en tu diario lo siguiente.

¿Cómo estoy morando en la casa del Señor en este momento?

¿Cómo estoy contemplando la belleza del Señor en este momento?

¿Cómo lo estoy buscando en Su templo en este momento?

Si no estás satisfecho con tus respuestas, ¿qué cambios debes empezar a hacer?

Ora pidiendo gracia a Dios y acércate a una compañera de tu estudio bíblico para que te ayude con esto.

Hermana, puede que estés en tu cocina o en tu escritorio. Puedes estar en un aeropuerto o en el patio de tu casa. Pero si oras con un corazón sincero «habitar en la casa del Señor» y «contemplar la belleza del Señor» y «buscarlo en su templo» (Sal. 27: 4, NBLA), tu Pastor te responderá. No importa dónde estés ahora, puedes decir con la misma confianza que David: «Habitaré en la casa del Señor para siempre» (23: 6, NVI), porque es verdad: tu Pastor está contigo.

Dios nos invita a habitar en Su casa para siempre. Algún día moraremos con Él en el cielo. Pero el «para siempre» ya ha comenzado. Tú estás morando ahora mismo en Su casa.

El mundo entero es Su santuario. Cada cosa creada le trae alabanza. Dondequiera que esté Dios, se convierte en un lugar sagrado. Este planeta está lleno de la presencia de Dios.

Ahora bien, asegurémonos de que tenemos una comprensión bíblica para que nadie piense erróneamente que *Jennifer Rothschild* sugirió que abracemos árboles y que no necesitamos adorar en una iglesia local. Por el contrario, valoramos y administramos la creación, porque refleja el carácter y la belleza de Dios. Siempre he dicho que necesitamos reunirnos con los creyentes para adorar juntos a nuestro Pastor. Sin embargo, experimentar la presencia de Dios no está reservado solo para un santuario el domingo.

Mira los versículos siguientes para ver por qué aquí y ahora estás morando en la casa del Señor. Dibuja un planeta (Una tierra grande y redonda) y rellénalo con palabras y frases de los siguientes versículos (o de otros versículos que encuentres). Estos te ayudarán a ver cómo estás siempre en la presencia de Dios, porque donde Él está, se convierte en Su santuario; y en consecuencia, cada cosa creada y tu mismo aliento son una alabanza a Él.

Salmo 19:1-6 • Salmo 65:4-13 • Isaías 6:3 • Habacuc 2:20
Hechos 17:24-25 • _____ • _____
_____ • _____ • _____

Oh amiga, puedes morar en la casa del Señor aquí y ahora mientras vives en el planeta Tierra. *Charles Spurgeon* lo dijo mucho mejor que yo:

> Mientras esté aquí seré un niño en casa con mi Dios; el mundo entero será su casa para mí; y cuando suba al aposento alto, no cambiaré de compañía, ni siquiera cambiaré de casa; solo iré a morar en el piso alto de la casa del Señor para siempre.[2]
>
> C. H. SPURGEON

¿No te encanta? Él está diciendo: «*Cuando muera, subiré las escaleras. No me voy a casa; he estado en casa todo el tiempo. Solo tengo que experimentar el hogar desde una habitación diferente*».

Por eso moramos en el cielo antes de morar en el cielo. Esa verdad nos ayuda a vivir la realidad de la presencia de Dios: el Pastor conmigo. Si tú y yo vivimos cada día, como si estuviéramos morando en la casa del Señor, en lugar de solo anhelarla y esperarla, experimentaremos todo el beneficio de la presencia de nuestro Pastor. Puesto que la pureza y la humildad son requisitos para entrar en la casa del Señor, vivamos vidas puras y humildes para no perdernos la plenitud de estar con nuestro Pastor y darle la adoración que se merece.

Parece que estamos en la línea final. Cuesta creerlo, ¿verdad? Todavía hay mucho que aprender, así que no voy a decir que hemos terminado. Solo diré que tenemos que dejarlo por ahora. Espero que sigas indagando y aprendiendo con el Espíritu Santo como maestro. Este versículo puede ser el último del Salmo 23, pero puede ser el comienzo de una vida más profunda, caminando con tu Pastor.

A través de este salmo, y a través de tu vida, Él te ha conducido y guiado. Ha caminado a tu lado y detrás de ti. Él es para ti y tu vida misma proviene de Él. Cada paso que das, lo das con tu Pastor. A donde quiera que vayas, eres atraída por tu Pastor. Él provee, guía, restaura, protege, consuela y bendice. Tú con el Pastor y el Pastor contigo. Por siempre y para siempre. Amén.

Ahora, el café está vacío, pero ¡el corazón está lleno! Disfruta mañana de tu Día de los Pastos Delicados. Nos vemos, hermana.

> Para un final inspirador de nuestro estudio, escucha la lista de reproducción del Salmo 23. (En inglés en JenniferRothschild.com/Psalm23) Comienza con las canciones del versículo 6, luego date un paseo, ponte los auriculares y adora junto a toda la creación. Usa un traductor como google para entender las letras.

DÍA 5

DÍA DE LOS PASTOS DELICADOS:
UN DÍA PARA DESCANSAR Y DIGERIR.

> Ciertamente el bien y la misericordia me seguirán todos los días de mi vida, y en la casa de Jehová moraré por largos días.
>
> **SALMO 23:6**

Mientras aprovechas este día para digerir lo que has aprendido esta semana, considera que el Salmo 23:6 nos ayuda a entender el Principio de Progreso: Siempre somos movidos por y hacia nuestro Pastor.

En tu Día de los «Pastos Delicados», mientras descansas, oras, escribes en tu diario, dibujas, adoras o reflexionas, aquí tienes algunas cosas a tener en cuenta:

Pasajes bíblicos que quiero recordar de esta semana:

Citas que me han gustado de esta semana:

Gracias, Señor, que estoy morando en Tu casa incluso ahora y nunca podré escapar de Tu bondad y misericordia.

UNA ÚLTIMA NOTA MÍA

Justo cuando terminé este estudio, mi Héroe Papá «subió las escaleras» y se fue a casa, al cielo. Les conté durante la Semana 4 cómo temía la pérdida y la tristeza, y amiga, fue duro; todavía lo es. Siempre me dolerá el corazón, pero sé que el cielo durará más que esta tristeza que siento ahora. Este dolor me está enseñando una vez más que estoy a salvo con mi Pastor. Él realmente nos cuida y nos tiene cerca.

Oro para que durante este estudio Dios te haya acercado a Él y hayas sentido también Su cuidado y compañía. Realmente estamos seguras con el Pastor y eso significa que estamos seguras con las ovejas. Así que mantente conectada con tus compañeras de estudio bíblico. Y también me encantaría estar conectada con ustedes. Puedes encontrarme en todas las redes sociales habituales, y mi blog es JenniferRothschild.com. Regístrate para recibir mi correo electrónico semanal de ánimo.

Y hablando de amigas, debo dar un gran aplauso a los míos porque, hermana, este estudio bíblico no hubiera sido posible sin ellos. A los del equipo en inglés: Paula Voris, Joan Petty, Denise Álvarez y mi increíble editor, Mike Wakefield, ¡gracias desde el fondo de mi corazón por todo! A los del equipo de este estudio en español: Carlos Astorga, Juan David Correa, Denisse Manchego y Yasmith Ordonez, ¡muchas gracias!

Así que sigamos animándonos y siguiendo a nuestro Pastor. Hasta el próximo estudio.

Jennifer

SESIÓN DE GRUPO 7

ANTES DEL VIDEO

Bienvenida y oración

NOTAS DEL VIDEO

En cada versículo del Salmo 23, vemos los _____ de _____.

Los nombres de Dios en el Salmo 23

Versículo 1 JEHOVÁ es mi pastor; nada me faltará.
Jehová-Jireh (el SEÑOR, nuestro _____)

Versículo 2 En lugares de delicados pastos me hará descansar;
junto a aguas de reposo me pastoreará.
Jehová-Shalom (el SEÑOR, mi _____)

Versículo 3 Confortará mi alma;
Jehová-Rafa (el SEÑOR, mi _____)

Me guiará por sendas de justicia por amor de su nombre.
Jehová-Tsidkeinu (el SEÑOR, mi _____)

Versículo 4 Aunque ande en valle de sombra de muerte, no temeré mal alguno;
Porque Tú estarás conmigo;
Tu vara y Tu cayado me infundirán aliento.
Jehová-Shama (el SEÑOR está _____.)

Versículo 5 Aderezas mesa delante de mí en presencia de mis angustiadores;
Jehová-Nissi (el SEÑOR, nuestra _____)[3]

Unges mi cabeza con aceite;
mi copa está rebosando.
Jehová-Maná (el SEÑOR, nuestra _____)

Verse 6 Ciertamente el bien y la misericordia me
seguirán todos los días de mi vida,
Y en la casa de Jehová moraré
por largos días.
Jehová-Cheleq (el S<small>EÑOR</small>, nuestra _____)[4]

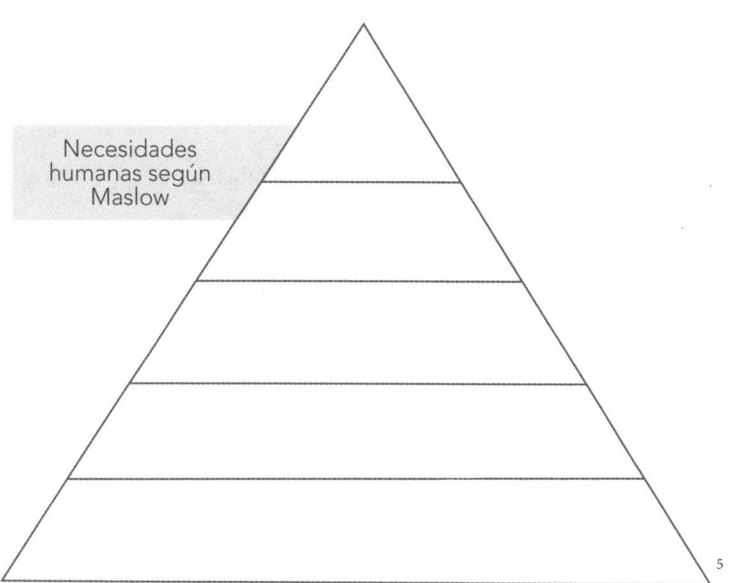

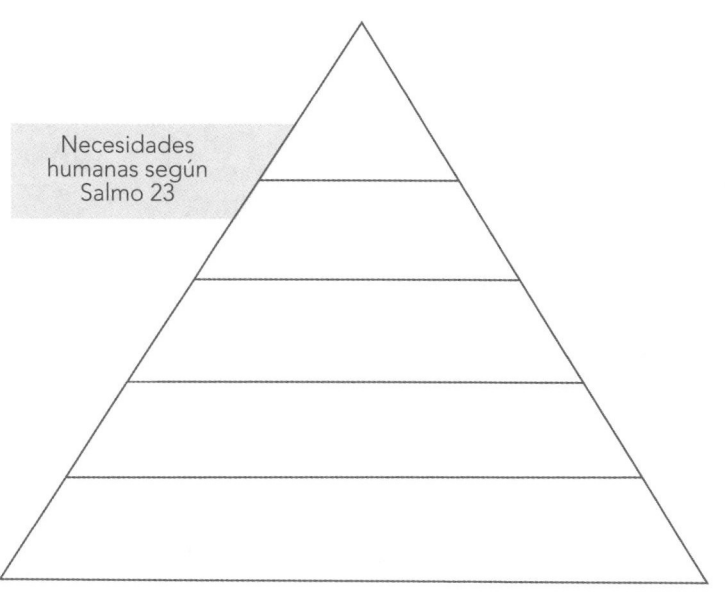

Dios no solo _____ misericordia. Él _____ misericordia para con nosotras.

Cuando nos dejamos «atrapar» por la bondad y la misericordia, cambiará nuestra forma de _____.

ACAPARADORES DE BONDAD

- _____ nunca es una mala elección.
- La Tierra es breve. _____ es duradero.

Cuando nos dejamos «atrapar» por la bondad y la misericordia, cambiará lo que _____.

Cuando estamos en una relación, haremos una de estas cuatro cosas:

1. _____

2. _____

3. _____

4. _____ [6]

«La casa del Señor» es _____ (Sal. 23:6).

GUÍA DE CONVERSACIÓN
Video 7

DÍA 1: ¿Qué parece haberte seguido la mayor parte de tus días, la bondad y la misericordia o la vergüenza y la culpa? Explica.
¿Cómo evitar que la vergüenza y la culpa sean tus compañeras constantes?

DÍA 2: ¿Cómo has visto la bondad de Dios en tu vida en una temporada no tan buena?
¿Crees de verdad que Dios hace todas las cosas para bien? ¿Por qué sí o por qué no?
¿Cómo has visto que eso ha ocurrido en tu vida o en las vidas de los que te rodean?

DÍA 3: Comparta los detalles de tu guion gráfico del Salmo 23.
¿Qué conclusiones, retos o estímulos extraes de tu guion gráfico?

DÍA 4: ¿Has pensado alguna vez en el cielo? Explícalo.
¿Qué significa habitar en la casa del Señor? ¿Cómo lo haces actualmente?

DÍA 5: Comparta algunos de los momentos más destacados de tu Día de los Pastos Delicados.
¿Cuál es la verdad más significativa que te llevas de esta semana de estudio?

¿Quieres obtener un resumen de mi última enseñanza en video? Canjea el contenido que vino con el libro.

RECURSOS PARA EL ESTUDIO DE LA BIBLIA

Hay tantos recursos disponibles para ayudarnos a profundizar en la Palabra de Dios. Es maravilloso, pero puede resultar abrumador. ¿Por dónde empezar? ¿En quién confiar? He aquí algunos recursos eficaces que puede utilizar durante este estudio:

HERRAMIENTAS EN LÍNEA
BibleGateway.com
BibleHub.com
BlueLetterBible.org
BibleStudyTools.com
Audio Biblia diaria
La Biblia App (YouVersion)

RECURSOS IMPRESOS
Nueva Concordancia Strong Exhaustiva de James Strong
Comentario de la Bibia Matthew Henry en un tomo
Comentario bíblico conciso (Holman)
Gran Diccionario Enciclopédico de la Biblia por Alfonso Ropero Berzosa
Dios de la creación por Jen Wilkin
Mujer de la Palabra por Jen Wilkin
Cómo leer tu Biblia por Giancarlo Montemayor

MÉTODOS DE ESTUDIO DE LA BIBLIA

Mientras aprendes a estudiar la Biblia por tu cuenta, este artículo es un buen punto de partida: https://www.coalicionporelevangelio.org/articulo/como-estudiar-tu-biblia/

GUÍA PARA EL LÍDER

Muchas gracias por guiar a tu grupo a través de este estudio. Sé que experimentarás mucha alegría y muchas bendiciones mientras ayudas a tu grupo a recorrer este salmo. Estoy orando por ti mientras asumes esta responsabilidad.

FORMATO DEL ESTUDIO

SESIONES DE GRUPO: Cada sesión de grupo contiene los siguientes elementos: Bienvenida y oración / Ver el video / Conversación en grupo. La conversación en grupo incluye preguntas generadas a partir del estudio personal de la semana anterior y de la enseñanza del video. Siéntete libre de adaptar, omitir o añadir preguntas según las necesidades de tu grupo.

ESTUDIO PERSONAL: Cada sesión contiene cinco días de estudio personal para ayudar a los participantes a profundizar en la Palabra de Dios por sí mismos. El quinto día, el Día del Pasto Delicado, está diseñado para ser un resumen reflexivo y la aplicación de lo que se ha estudiado previamente.

SER UN LÍDER EFICAZ

Tres claves para ser un líder eficaz de tu grupo:

1. **PREPÁRATE:** Asegúrate de haber visto el video de enseñanza y completado el estudio personal de cada semana antes de la sesión de grupo. Repasa las preguntas para el tiempo de conversación y piensa en la mejor manera de guiar a tu grupo durante este tiempo.

2. **ORA:** Reserva un tiempo cada semana para orar por ti y por cada miembro de tu grupo. Aunque la organización y la planificación son importantes, aparta un tiempo de oración antes de cada reunión.

3. **CONECTA:** Encuentra formas de interactuar y mantenerte en contacto con las mujeres de tu grupo a lo largo del estudio. Utiliza las redes sociales, el correo electrónico y las notas escritas a mano para animarlas. Sigue comunicándote con ellas cuando termine el estudio. Continúa animando y desafiando a las mujeres de tu grupo en su camino espiritual.

UNA SUGERENCIA

Escucha la canción *Salmo 23* de *Un Corazón*. Considera la posibilidad de utilizarla para abrir o concluir tus sesiones de grupo.

NOTAS

SEMANA 1

1. Chad Brand, Charles Draper, Archie England, eds. *Holman Bible Dictionary* (Nashville: B&H, 2003) consultado en MyWsb.com.

SEMANA 2

1. W. Phillip Keller, *Un pastor mira el Salmo 23* (Grand Rapids, MI: Zondervan, 1970), 41-42.

SEMANA 3

1. «Definición de Restaurar», (Definición de restaurar), *Blue Letter Bible*, https://www.blueletterbible.org/lang/lexicon/lexicon.cfm?Strongs=H7725&t=KJV, consultado el 14 de mayo de 2018.
2. «Definición de alma», *Blue Letter Bible*, https://www.blueletterbible.org/lang/lexicon/lexicon.cfm?Strongs=H5315&t=KJV, consultado el 14 de mayo de 2018.
3. «Definición de Guía», *Blue Letter Bible*, https://www.blueletterbible.org/lang/lexicon/lexicon.cfm?Strongs=H5148&t=KJV, consultado el 14 de mayo de 2018.
4. «Definición de justicia», *Blue Letter Bible*, https://www.blueletterbible.org/lang/lexicon/lexicon.cfm?Strongs=H6664&t=KJV, consultado el 14 de mayo de 2018.
5. John Piper, "The Shepherd, the Host, and the Highway Patrol," *Desiring God*, 8 de septiembre de 1980, https://www.desiringgod.org/messages/the-shepherd-the-host-and-the-highway-patrol.

SEMANA 4

1. *HCSB Study Bible* (Nashville: Holman Bible Publishers, 2010), 903.
2. «Definición de sombra de muerte», *Blue Letter Bible*, https://www.blueletterbible.org/lang/lexicon/lexicon.cfm?Strongs=H6757&t=KJV, consultado el 30 de mayo de 2018.
3. «Definición de muerte»', *Blue Letter Bible*, https://www.blueletterbible.org/lang/lexicon/lexicon.cfm?Strongs=H4194, consultado el 30 de mayo de 2018.
4. «Definition de vara» *Blue Letter Bible*, https://www.blueletterbible.org/lang/lexicon/lexicon.cfm?Strongs=H7626&t=KJV, consultado el 30 de mayo de 2018.
5. «Definición de cayado», *Blue Letter Bible*, https://www.blueletterbible.org/lang/lexicon/lexico, consultado el 30 de mayo de 2018.
6. «Definición de etimología», *Merriam-Webster's Dictionary*, https://www.merriam-webster.com/dictionary/etymology, consultado el 15 de mayo de 2018.
7. «Definición de consuelo», *Merriam-Webster's Dictionary*, https://www.merriam-webster.com/dictionary/comfort, consultado el 30 de mayo de 2018.
8. Ibid.

SEMANA 5

1. «Definición de fastidiar», *Merriam-Webster's Dictionary*, https://www.merriam-webster.com/thesaurus/vex, consultado el 15 de mayo de 2018.
2. Ibid, Keller, 138-140.
3. «Definición de rebosar» *Blue Letter Bible*, https://www.blueletterbible.org/lang/lexicon/lexicon.cfm?Strongs=H7310&t=KJV, consultado el 30 de mayo de 2018.
4. *The Original Aramaic New Testament in Plain English with Psalms & Proverbs, 8th Edition* (2007) via BibleHub.com.

SEMANA 6

1. Corday, Ken and Nelson, Brent. "Tema de 'Días nuestros.'" Grabado en febrero de 2010. Pista 1 de la banda sonora de *Días of Our Lives Soundtrack*. La-La Land Records. Disco compacto.
2. C. H. Spurgeon, *El Tesoro de David, Volumen 1* (Nueva York: I.K. Funk & Company, 1882), 402.
3. Warren W. Wiersbe, *Be Worshipful* (Colorado Springs: David C. Cook, 2004), 95.
4. «Los nombres de Jehová», *Quizlet.com*, https://quizlet.com/193697150/the-compound-names-of-jehovah-flash-cards/, consultado el 31 de mayo de 2018.
5. Saul McLeod, «La jerarquía de necesidades de Maslow», *SimplyPsychology*, 21 de mayo de 2018, https://www. simplypsychology.org/maslow.html.
6. Jalen Rose. Publicación en Twitter. 1 de octubre, 2013, 5:24 a.m. https://twitter.com/jalenrose/status/385017465085755392?lang=en.

Lifeway recursos

ESTUDIOS BÍBLICOS

ESTUDIO BIBLICO: MI EXPERIENCIA CON DIOS

Dios le invita a tener una relación estrecha con Él, mediante la cual le hará conocer lo que él quiere para su vida. El autor ayuda le ayuda a entender, usando principios bíblicos, la manera en que Dios enseña a: conocer cuando Él habla, reconocer Su actividad en el diario vivir, conocer lo que el quiere hacer mediante su vida y responder adecuadamente lo que Él esta haciendo. La nueva edición incluye las hojas de anotaciones para los videos de enseñanza que son parte del Nuevo Paquete de líder. Ver en la próxima página. $14.99 • 001133338

PERFILES

Perfiles - La serie completa incluye todos los volúmenes de la serie Perfiles. Cada uno de los siete volúmenes incluye guías del líder, códigos QR que enlazan ayudas adicionales y videos introductorios para cada sesión, consejos prácticos para el discípulo, y recursos suplementarios gratis disponibles en www.serieunidos.com
Perfiles es una serie de siete volúmenes para que una audiencia joven pueda explorar el mensaje de la Biblia utilizando un acercamiento biográfico, así descubriendo cómo la vida de sus personajes apunta a la necesidad de la gracia y el amor de Dios por medio del evangelio de Jesús.
Serie completa: $24.99 • 9781087751269
Cada uno: $3.99 • 9781087750910 (5- Jesús)

PALABRA

Palabra ofrece un año de lecciones diseñadas para ayudar a los jóvenes a incrementar su fe y a conectarlos a la Palabra de Dios de una manera intencional. No importa cuántos años tengas, si amas a Jesús eres un discípulo. Pero la calidad de tu discipulado no se mide por lo bien que puedas responder a preguntas, el discipulado consiste en ser transformados a la imagen de Cristo. Esta transformación comienza con la Palabra de Dios y por esta razón Palabra ha sido diseñado cuidadosamente para ayudar a los jóvenes a ser más como Jesús día a día. Incluye 2 manuales para el líder con material para seis meses y 1 bosquejo para el estudiante. $39.99 • 9781087773209

AMOR EN VERDAD

En este estudio de 9 sesiones, Sean McDowell nos lleva en un viaje a través de la Palabra de Dios para responder a las preguntas más difíciles sobre el amor, el sexo, el género y las relaciones. Él nos da consejos prácticos para llevar una vida de pureza que ame a Dios y a otros tanto con nuestro cuerpo y nuestra alma. Aprenderemos a cómo mostrar amor con aquellos que viven fuera del diseño de Dios. Y descubriremos que, el amor de Dios sana nuestras heridas y Su gracia nos libera de la vergüenza y la culpa de los pecados pasados. $14.99 • 9781087769769

UNIDOS

Unidos ofrece una creciente lista de programas de discipulado para adultos. Cada serie está diseñada para estudiar la Escritura sistemáticamente utilizando diversos métodos didácticos. Cada volumen incluye guías del líder, códigos QR que enlazan ayudas adicionales y videos introductorios para cada sesión, consejos prácticos para el discípulo, y recursos suplementarios gratis disponibles en www.serieunidos.com

Unidos en el evangelio 9781087746470 • Unidos en Jesús 9781087746487 • Unidos con los héroes 978108775134 • Unidos en la fe 9781087780498 • La serie completa $22.99

Lifeway mujeres

ESTUDIOS BÍBLICOS

LA ARMADURA DE DIOS

Un estudio de 6 sesiones
Cada día, vives en una guerra espiritual invisible y muchas veces desconocida. Sin embargo, la sientes en cada aspecto de tu vida. Un enemigo maligno y devoto lucha por atacar todo lo que te interesa: tu corazón, mente, matrimonio, hijos, relaciones, perseverancia, sueños, y destino. Si estás cansado de sentirte intimidado, y que los ataques te agarren desprevenido, este estudio es para ti.
Estudio Bíblico: 006104052 • $14.99
7 Sesiones de Enseñanza en Video: 005793911 • $14.99

ESCUCHA LA VOZ DE DIOS

Cómo reconocer cuando Dios nos habla
Descubre a través de las 7 sesiones el fundamento para una comunicación clara y diaria con Dios. Aprende cómo rendir tu vida desata muchas de las bendiciones que Él tiene para nosotros, centra nuestra vida en Él y nos ayuda a reconocer Su voz en la vida diaria. 005839392 • $14.99

ANSIEDAD

Únete a Scarlet Hiltibidal en este estudio de 8 sesiones para aprender prácticas para tomar la perfecta paz que está solo disponible por medio de Dios mientras profundizas en Su Palabra, cultivas la práctica de la oración y vives auténticamente con el apoyo de nuestras comunidades de fe.
9781087778716 • $14.99

LA BELLEZA DE LA CRUZ

La belleza de la cruz es un libro que combina todos los aspectos de la realidad para expresar la belleza teológica de la obra redentora de Cristo en la cruz. La belleza, misterio y gloria de la cruz inspiran este estudio corto de teología bíblica. Cada capítulo incluye una invitación a meditar en una obra de arte (pintura, artefacto, escultura, etc.) y busca describir la belleza y misterio de la cruz. Esto lleva a un estudio bíblico en una sección específica de la Escritura. Cada capítulo termina con un corto poema que también refleja la importancia de la cruz y cómo esto nos debe llevar a una vida de servicio y devoción a Cristo.
9781087769790 • $14.99

DIOS DE LA CREACIÓN

A través de 10 sesiones de estudio de versículo por versículo, profundizamos en los primeros 11 capítulos de Génesis siguiendo tres niveles esenciales del aprendizaje: la comprensión, la interpretación y la aplicación. Los videos de enseñanza son clave para entender este estudio. Haz un repaso de las historias y personajes históricos conocidos, desafía tu conocimiento básico y descubre significados más profundos en el texto. Es a medida que Dios se revela a sí mismo en la Escritura, en donde podemos comenzar a entendernos a nosotros mismos en el destello del carácter, atributos y promesas del Creador. 9781535997416 • $14.99

ELÍAS FE Y FUEGO

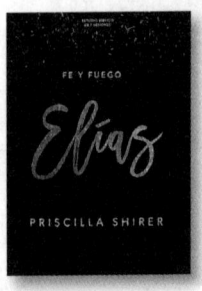

Un estudio de 7 sesiones
Elías se levantó para ser la voz implacable de la verdad en medio de un tiempo de crisis nacional y declive moral. A su ministerio lo caracterizó una fe tenaz y un fuego santo: elementos que necesitarás para permanecer firme en la cultura de hoy. Impreso: 005836023 • $14.99
Digital: 005836472 - $12.99